A infância na mídia

Cultura, Mídia e Escola

A infância na mídia

Kely Cristina Nogueira Souto
Marco Antônio de Souza
Sandra Pereira Tosta
(ORGANIZADORES)

autêntica

Copyright © 2009 Os organizadores

COORDENADORA DA COLEÇÃO CULTURA, MÍDIA E ESCOLA
Sandra Pereira Tosta

CONSELHO EDITORIAL
Marco Antônio Dias – Universidade Livre das Nações Unidas; *Tatiana Merlo Flores* – Instituto de Investigación de Medias e Universidade de Buenos Ayres; *Paula Montero* – USP; *Graciela Batallán* – Universidade de Buenos Ayres; *Mírian Goldemberg* – UFRJ; *Neusa Maria Mendes de Gusmão* – Unicamp; *Márcio Serelle* – PUC Minas; *Angela Xavier de Brito* – Université René Descartes-Paris V; *José Marques de Melo* – USP e Cátedra UNESCO/Metodista de Comunicação; *Joan Ferrés i Prates* – Universidad Pompeu Fabra-Barcelona

CAPA
Alberto Bittencourt

EDITORAÇÃO ELETRÔNICA
Luiz Flávio Pedrosa

REVISÃO
Vera Lúcia De Simoni Castro

Revisado conforme o Novo Acordo Ortográfico.

Todos os direitos reservados pela Autêntica Editora. Nenhuma parte desta publicação poderá ser reproduzida, seja por meios mecânicos, eletrônicos, seja via cópia xerográfica, sem a autorização prévia da Editora.

AUTÊNTICA EDITORA LTDA.
Rua Aimorés, 981, 8º andar . Funcionários
30140-071 . Belo Horizonte . MG
Tel: (55 31) 3222 68 19
Televendas: 0800 283 13 22
www.autenticaeditora.com.br

Dados Internacionais de Catalogação na Publicação (CIP)
(Câmara Brasileira do Livro, SP, Brasil)

A infância na mídia / Kely Cristina Nogueira Souto, Marco Antônio de Souza, Sandra Pereira Tosta (organizadores). -- Belo Horizonte : Autêntica Editora, 2009. -- (Cultura, Mídia e Escola)

Bibliografia
ISBN 978-85-7526-387-7

1. Comunicação de massa - Influência 2. Comunicação de massa e crianças 3. Televisão e crianças 4. Violência nos meios de comunicação de massa I. Souto, Kely Cristina Nogueira. II. Souza, Marco Antônio de. III. Tosta, Sandra Pereira. IV. Série.

09-02870   CDD-302.23083

Índices para catálogo sistemático:
1. Criança e mídia : Influência : Sociologia
302.23083

Sumário

APRESENTAÇÃO... 7

INFANTIA: entre a anterioridade e a alteridade............ 13
Maria Cristina Soares de Gouvea

A INFÂNCIA NA MÍDIA: desvendando essa história......... 47
Marco Antônio de Souza

O BRINCAR NA CONTEMPORANEIDADE: a criança e
os jogos eletrônicos.. 87
Nádia Laguárdia de Lima

VIOLÊNCIA SEXUAL NA INFÂNCIA: o que "re-vela" essa
realidade... 107
Juliana Marcondes Pedrosa de Souza
Vera Lopes Besset

A PUBLICIDADE E A SUA RECEPÇÃO PELAS CRIANÇAS:
como elas veem, percebem, sentem e desejam produtos
divulgados na mídia impressa e na televisão.................. 131
Graziela Valadares Gomes de Mello Vianna
Kely Cristina Nogueira Souto
Ruth Ribeiro

A TELEVISÃO E A CRIANÇA QUE BRINCA: **155**
Rogério Correia da Silva

**BONS MOTIVOS PARA GOSTAR DA TELEVISÃO QUE
SUA CRIANÇA GOSTA**.. **197**
Cláudio Márcio Magalhães

OS AUTORES.. **217**

Apresentação

A coleção **Cultura, Mídia e Escola** apresenta ao público leitor mais esta publicação, cujo título, **A infância na mídia**, dispensa qualquer comentário sobre sua importância para os profissionais da educação e da mídia, como também para familiares, gestores de políticas públicas, de escolas e de projetos socioeducativos.

Tanto essa indiscutível importância da temática quanto a sua complexidade são medidas do desafio que se colocou para nós, pesquisadores de saberes e práticas de fronteira, ao abordar questões tão sensíveis como a relação entre criança e mídia. Seja na perspectiva do consumo de conteúdos simbólicos difundidos pela publicidade e pelos desenhos infantis, seja na produção de imagens sobre a infância ou ainda na relação lúdica da criança com a TV. Acrescente-se a isso a preocupação de abordar esse universo sem incorrermos no maniqueísmo presente em discursos, nossos velhos conhecidos, que tendem a celebrar ou a condenar a mídia como se tal fenômeno estivesse acima do meio social que o produz.

Frente a uma realidade que as pesquisas cada vez mais tratam de desnudar quando se busca qualificar ou mensurar quanto tempo nossas crianças ficam diante da "telinha", os artigos desta coletânea buscam responder a indagações tais como: que discursos essa "telinha" agencia para estruturar sua programação entremeada pelo apelo ao consumo? Que imagens a TV tem construído e ofertado à sociedade acerca da infância, dos problemas sociais que também a afetam, como a violência sexual? Mas também como as interações constituídas por crianças e a mídia fazem parte de seu processo de socialização e de que modo podemos compartilhar dessas dinâmicas sem o velho jargão de "demonizar" os meios de comunicação e atribuir-lhes todos os males de nosso tempo!

Essas e outras questões estão em pauta no conjunto desta obra que originou da decisão de uma equipe de pesquisadores de levar a público o resultado obtido em dois anos de trabalho no *Observatório da Mídia Infantil*, vinculada à Coordenação de Pesquisa e Iniciação Científica do Centro Universitário Newton Paiva (COPINC). Assim, com esse projeto, havia a certeza de que o trabalho seria árduo porque lidaria com um material de extrema delicadeza. De um lado, estariam as crianças, esses sujeitos, muitas vezes, idealizados pelos pesquisadores e, de outro lado, as poderosas manifestações da mídia, com a força de programas específicos e da publicidade voltada para o público infantil e para o consumo. Os diversos tipos de mídia foram delimitados como *corpus* para as atividades empíricas, cerne do trabalho de identificação das mensagens publicitárias, no qual seriam encontrados os discursos mais refinados com a propaganda dirigida especialmente ao segmento infantil.

O projeto do *Observatório* não propunha de nenhuma maneira qualquer censura à publicidade infantil, o que de fato se pensava era o que estava se passando junto aos órgãos reguladores da propaganda para o público infantil, por isso, analisar a proposta de autorregulação do CONAR daria uma ideia da discussão de se implantar as chamadas censuras especiais para conter a excessiva liberdade de algumas peças publicitárias. Essa investigação daria tão somente uma boa ideia das posições dos publicitários em relação às estratégias de marketing usadas.

O outro lado da investigação recairia sobre as crianças, tendo como objetivo a análise de sua observação e interação com a reconhecida e premiada criatividade da publicidade brasileira. A recepção à publicidade poderia mostrar as influências que ela exerce sobre o desejo de consumo das crianças e de sua família e sobre o consumo efetivo que elas praticam. Essa tarefa, não menos árdua que a primeira, desvendaria um mundo específico marcado pelo encontro entre a publicidade e o seu destino – a criança e sua família –, completando o círculo de ações e reações do consumo e do consumidor.

Contudo, além dos textos que resultaram da pesquisa do *Observatório da Mídia Infantil*, como foi dito, encontra-se nos diferentes artigos deste livro uma importante colaboração para a reflexão sobre infância, mídia(s), sociedade e cultura, inserindo-se ainda a escola como *locus* privilegiado de algumas investigações. Pesquisadores de outras instituições foram convidados a participar desta publicação e de modo diversificado e original, de acordo com a sua formação, transformaram esta coletânea num trabalho multidisciplinar, que permite ao leitor passear por múltiplos olhares e concepções que enriquecem o resultado das análises e de suas reflexões.

Assim, encontramos no artigo de **Cristina Gouveia, Infantia: entre a anterioridade e a alteridade**, uma abordagem dos conceitos e da cultura infantil que perpassam as análises sobre infância em estudos atuais. E no artigo de **Marco Antônio de Souza, A infância na mídia: desvendando essa história**, a busca, numa visão diacrônica, do percurso da aproximação entre a mídia e o público infantil, privilegiando o contexto belo-horizontino como parte significativa dessa história.

O mundo virtual encontra-se presente no artigo **O brincar na contemporaneidade: a criança e os jogos eletrônicos**, de **Nádia Laguárdia de Lima**, numa explicação apoiada na psicanálise para o fascínio com que, ainda muito cedo, as crianças mergulham nos jogos eletrônicos.

Se esses artigos oferecem um panorama bastante incisivo da infância e da mídia voltado para a criança na contemporaneidade, sua atualidade se reforça no contraponto esclarecedor que com ele estabelece o texto de **Juliana Marcondes Pedrosa de Souza** e **Vera Lopes Besset**, **Violência sexual na infância: o que "re-vela" essa realidade**, que apresenta uma faceta diferente da relação entre mídia e infância, afastando-se do mundo da propaganda comercial e dos jogos eletrônicos para entrar no mundo de imagens infantis criadas pela mídia, quando a criança se torna objeto do noticiário jornalístico, inclusive de matérias que tratam da situação de violência.

Já o texto intitulado **A publicidade e sua recepção pelas crianças: como elas veem percebem, sentem, e desejam produtos divulgados na mídia impressa e televisiva**, assinado por **Ruth Ribeiro**, **Graziela Mello Vianna** e **Kely Cristina Nogueira Souto**, mostra, em uma abordagem interdisciplinar, uma interpretação da sociologia, da publicidade e da pedagogia aos dados coletados. A intenção foi revelar as peculiaridades presentes na interação entre os sujeitos da pesquisa, crianças de classe popular e a mídia impressa e televisiva.

Por outro lado, **Rogério Correia da Silva**, com seu artigo, **A televisão e a criança que brinca**, realizou um cuidadoso estudo etnográfico em que analisa o cotidiano de crianças pensadas e vistas como atores sociais, na sua relação com a televisão e o próprio pesquisador. O brincar da criança foi uma das linguagens através da qual se teve acesso aos diversos e inusitados modos como ela se relaciona com os produtos televisivos. E, ao mesmo tempo, serviu para se pensar como esses mesmos produtos tornam-se um componente fundamental de sua socialização.

Fechando este livro, Cláudio Márcio Magalhães, em seu provocativo ensaio, **Bons motivos para gostar da televisão que sua criança gosta!**, deixa claro que seu texto não tem a função de defender a programação da televisão brasileira. Ao contrário, as reflexões apresentadas têm como objetivo propiciar maior entendimento sobre essas horas, e não são poucas, que as nossas crianças passam à frente da TV. E de que maneira pais e educadores podem agir. Pois, em geral, o que ocorre é que os adultos se colocam em defesa das crianças, travando um verdadeiro combate com a televisão. O autor procura, então, argumentar no sentido de direcionar a resposta da questão nos seguintes termos: vai adiantar continuar combatendo a TV? Aliás, tem adiantado combater a mídia?

Que essas indagações e todas as outras inquietações apostas neste livro contribuam para uma maior compreensão da presença e importância da mídia na cultura contemporânea e, nesta realidade, sirvam como subsídios à formação e prática docente, seja na educação formal ou não formal e em tantos outros espaços em que se faz presente esta tensa e delicada relação entre mídia e infância.

Boa leitura a todos!

Kely Cristina Nogueira Souto
Marco Antônio de Souza
Sandra Pereira Tosta
Organizadores

Infantia
Entre a anterioridade e a alteridade[1]

Maria Cristina Soares de Gouvea

> Essa bruma insensata em que se agitam sombras,
> como eu poderia clarea-la
> RAYMOND QUENEAU

Infante, na sua raiz etimológica, significa "aquele que não sabe falar". Ao mesmo tempo, bárbaros, etimologicamente, são aqueles que emitem sons não humanos.

Duas questões aí emergem: a alteridade e a linguagem como signo da diferença. São os outros, os ditos selvagens e as crianças, que nos remetem à alteridade e à diferença, tendo a fala como sinal distintivo. A sua suposta ausência, ou desarticulação, sinal da cultura, daquilo que nos define como humanos.

A humanidade constitui-se *na* e através *da* linguagem. Ao longo da história da espécie, ao produzir e partilhar signos, os homens ultrapassaram o domínio da natureza e fizeram-se

---

[1] Agradeço a Inês Teixeira, Juarez Dayrell e Flávia Julião o incentivo na publicação deste artigo.

produtores de cultura. Fez-se humanidade, e o homem, animal simbólico.

Ao longo da história individual, ao tomar posse da linguagem, a criança faz-se produtora de cultura, informando suas experiências e partilhando valores sociais através das múltiplas linguagens. Talvez o momento mais importante da história do indivíduo ocorra nesta passagem, ao tornar-se signo entre signos, transcendendo a natureza, ultrapassando o espaço imediato e o tempo presente. Como nos indica Souza (1994, p. 21):

> [...] é na linguagem, e por meio dela que construímos a leitura da vida e da nossa própria história. Com a linguagem somos capazes de imprimir sentidos que, por serem provisórios, refletem a essencial transitoriedade da própria vida e da nossa existência histórica.

Enquanto sujeito *de* cultura e *na* cultura, a criança apropria-se da linguagem a partir de seu lugar social, como sujeito definido pela condição infantil. Condição que socialmente faz dela o Outro, representado como marcado pela incapacidade da compreensão e uso da linguagem adulta.

Ao mesmo tempo, o Outro dito primitivo vai ser remetido a uma relação diversa com o mundo, produtor e produto de uma cultura diferenciada. Considerando a perspectiva de Benedict, para quem "a cultura é a lente a partir da qual olhamos o mundo" (*apud* LARAIA, 1986), os demais povos são irredutíveis em sua diferença, na construção e uso de signos diversos para significar o mundo.

Será, portanto, a alteridade que vai definir os contornos da relação do adulto representante da cultura ocidental, com esses sujeitos, quer seja a criança, que vai fazer uso próprio da linguagem, produzindo, no interior e no diálogo com a cultura mais ampla, uma cultura diferenciada, quer sejam os povos ditos primitivos, que vão fazer uso de outras linguagens e significar o mundo com base em referenciais diversos.

Na produção histórica da modernidade, emerge como central o apagamento da alteridade, a apreensão das diferenças culturais como etapas evolutivas que teriam seu ápice na cultura das sociedades europeias. Assim é que, no amálgama das descobertas científicas produzidas a partir do século XVIII, da edificação da racionalidade humana no pensamento iluminista, do contato colonizador com outras culturas compreendidas como primitivas, da construção da ideia de raça relacionada a capacidades hierarquizadas diferenciadas de produção de conhecimento, da associação da mulher à sensibilidade e do homem à razão, do pobre à ignorância e do burguês ao culto, o pensamento ocidental situou no homem adulto, branco, ocidental, europeu, civilizado, culto e burguês o paradigma da evolução da espécie.

Ao mesmo tempo, os sujeitos opostos dessa relação – o indivíduo de outras culturas, a criança, a mulher, o negro, o índio, o pobre – foram reduzidos a representantes de um estágio inferior da evolução humana a serem submetidos à lógica e cultura superiores, de maneira a superar sua menoridade constitutiva. Ao longo do século XIX, as ideias de progresso e evolução serviram de eixo explicativo para compreensão do mundo e construção do conhecimento, quer nas ciências físicas e biológicas, quer nas humanas e sociais, informando a possibilidade de construção de um projeto de futuro. Ou seja, as diferenças foram compreendidas como expressão da inferioridade, sendo a integração entre os diferentes grupamentos humanos pensada em torno do ideário evolucionista (GOULD, 2004).

Tal paradigma referenciou a construção das ciências humanas no final do século XIX, as quais produziram em distintos campos de conhecimento a ideia de superação da alteridade através do seu apagamento. As diferenças deveriam ser superadas por meio da construção de práticas materiais e simbólicas referidas na produção científica, dirigidas aos diversos grupos socioculturais, bem como aos indivíduos, de maneira a levá-los a formas ditas mais elaboradas de conhecimento e relação com o mundo.

No interior desse processo, historicamente a antropologia constitui-se como ciência na tentativa de compreender, significar a diferença. De início, tomando-a como expressão de um momento da história humana, já superada pelas sociedades ocidentais, entendendo que os povos ditos primitivos seriam inferiores cognitiva, afetiva e simbolicamente em relação às sociedades ocidentais contemporâneas, no modelo evolucionista.

Posteriormente, foi no movimento de tentativa de compreensão do Outro, valendo-se de sua produção simbólica, que a antropologia construiu um olhar em que a alteridade foi ressignificada. O outro passou a ser apreendido como sujeito que, através de suas práticas socioculturais, organiza o mundo e produz materialidades que mediam sua relação com o real.

A alteridade torna-se também referência para pensar a diversidade no interior da nossa cultura. Vivemos o mesmo universo contemporâneo, partilhamos valores, hábitos, modelos de comportamento. Ao mesmo tempo, a partir dos diferentes lugares sociais ocupados por sujeitos com pertinências distintas, produzimos culturas singulares ao significar tais experiências.

Se o conceito de alteridade permitiu à antropologia novas formas de investigação e outra concepção do seu objeto de conhecimento, ela invade-nos ao pensar a questão da infância e problematizar as categorias que historicamente construímos e utilizamos para compreender, investigar e atuar junto desses sujeitos infantis.

Assim é que, sob o signo da alteridade, definida pelos usos das linguagens, que vamos aqui refletir sobre a infância e sua relação com a cultura.

Diferentemente dos povos ditos primitivos, a infância, por um lado, remete-nos a um estranhamento, a uma relação com o mundo marcada pela diferença em relação ao adulto; por outro, ela constitui a gênese da vida adulta, como tão bem nos ensinou Freud. A alteridade da infância não é absoluta, esse outro habita em nós, constitui-nos e se pronuncia. Através da memória, ela nos habita e visita, faz-se presente, em ruínas formadas de imagens, fragmentos de palavras, cacos de um mundo que insiste em nos possuir e habitar em sua imaterialidade. Assim nos remete a um passado que em nós ainda persiste e insiste. Entre o desconhecimento e a profunda identificação situamo-nos em relação à infância, tentamos compreendê-la, significá-la e submetê-la à nossa lógica e racionalidade científica adulta.

Pensar a infância a partir da alteridade, categoria que vai marcar a ciência antropológica, faz-nos pensar nas formas de discurso e de apropriação dessa alteridade pela produção científica.

A construção de saberes sobre a infância

> Sendo nossa vida tão pouco cronológica
> PROUST

A construção histórica da categoria infância, compreendida como momento específico, distinto do adulto não apenas biológica, mas cognitiva e afetivamente, significou a construção de saberes sobre esse sujeito, que, ao definir seus contornos, constroem a infância, bem como a monumentalizam.

Tais saberes tiveram principalmente na psicologia do século XX seu espaço de produção, ciência que seria o *locus* por excelência de reflexão sobre a infância. Saberes que historicamente dirigiram a conformação de práticas de cuidado e socialização da criança nos diferentes espaços sociais: a família, a escola, a cidade, definido o que é a criança, como essa deve ser tratada, através de que estratégias de socialização.

No interior da ciência psicológica, a psicologia genética afirmou-se como *locus* de produção sobre a infância. É interessante notar que a própria definição do campo nos indica seus contornos. Investigar a criança como gênese do adulto significa apreender a lógica infantil a partir desse lugar, reduzindo as possibilidades de compreensão da alteridade do sujeito infantil, a ser percebido não apenas como preparação, como anterioridade que antecede a vida adulta, mas como momento de vivência da condição infantil, definida por formas singulares de significar o mundo.

Historicamente, nesse campo, Piaget foi um dos primeiros a investigar a criança, compreendendo-a como tendo uma lógica diferenciada. Ao mesmo tempo, o objeto do saber piagetiano nunca foi a infância, mas a compreensão da gênese, das estratégias e dos processos de construção do conhecimento, conhecimento esse referido ao conhecimento científico ocidental. Como afirma Piaget (1991, p. 11):

> [...] da mesma forma que um corpo está em evolução até atingir um nível relativamente estável, caracterizado pela conclusão do crescimento e pela maturidade dos órgãos, também a vida mental pode ser concebida como evoluindo em direção de uma forma de equilíbrio, final, representada pelo espírito adulto.

Com isso, a alteridade das construções lógicas infantis é remetida à lógica adulta, caracterizada na teoria piagetiana pelas estruturas hipotético dedutivas. Interessa a Piaget compreender a construção ontogenética da Razão, numa perspectiva finalista. O autor incorpora em sua teoria uma visão evolucionista do desenvolvimento humano, em que os estágios representariam momentos de construção progressiva de estruturas cada vez mais racionais.[2]

---

[2] Cabe observar que as críticas feitas ao autor não anulam sua enorme contribuição para a construção de referenciais teórico-metodológicos para estudo da infância

Os limites dessa perspectiva têm deixado suas marcas nas produções científicas e nas práticas pedagógicas de intervenção. Trabalhamos com um modelo universal de desenvolvimento lógico, sustentado no paradigma da ciência ocidental e reduzimos as diferentes formas e estruturas de compreensão do mundo presentes na criança e noutras culturas a uma menoridade cognitiva, a ser superada na infância pelo seu processo de socialização e desenvolvimento e nos povos primitivos pela assimilação da cultura científica ocidental.

A centralidade dos estudos piagetianos na compreensão da infância, por um lado, conferiu legitimidade científica a essa perspectiva finalista e etapista, muitas vezes absolutizando-a. Por outro, produziu um apagamento de outros olhares sobre a infância, no diálogo com outros campos de conhecimento como a antropologia, a história, a sociologia e a filosofia, ciências capazes de produzir outros referenciais e categorias analíticas. Por fim, produziu um apagamento no interior do próprio campo da psicologia, de autores com perspectivas diferenciadas como Wallon, Vygotsky e, mais recentemente, Bruner.

Com isso, as produções simbólicas infantis, expressão de uma estrutura cognitiva diversa, sofrem também um apagamento. Deixamos de analisá-las em sua complexidade irredutível, estabelecida com base em outras relações que não a causalidade linear do pensamento adulto, reduzindo-as à manifestações de um pensamento ainda em construção. Nesse sentido, como nos indica Larrosa (2001), a infância é significada como futuro, aquele que nos remete ao já previamente conhecido, através da forma adulta, e não como porvir, como acontecimento que anuncia outras possibilidades de construção:

> A criança não é antiga nem moderna, não está nem antes nem depois, mas agora, atual presente. Seu tempo não é linear, nem evolutivo, nem genético, nem dialético, nem sequer narrativo. (LARROSA, 2001, p. 284)

A produção histórica da psicologia, ao fundar-se no estabelecimento de estágios, etapas evolutivas do desenvolvimento previamente definidas e codificadas, ao mesmo tempo em que anulou a diferença, a alteridade do acontecimento infância, submeteu-a a uma lógica adultizada, em que a existência da vivência da infância toma significado como preparação para a vida adulta, algo já dado.

Assim é que, por exemplo, o falar da criança, acontecimento infantil em que ela constrói uma linguagem apropriando-se e ressignificando a linguagem adulta, é reduzida a uma fala desarticulada ou "graciosa" em sua menoridade, preparatória para a fala adulta. De acontecimento, transforma-se em momento preparatório. O novo do porvir é reduzido a um futuro já dado e antecipado. Enxergamos nessa construção não sua irredutibilidade, sua diferença, sua complexidade e sofisticação semântica e sintática, mas sua redução a um futuro já determinado e traçado.

Da mesma forma o engatinhar, acontecimento da criança em que ela constrói um novo lugar no mundo, em que nas suas relações espaciais se produz um determinado olhar e uma consciência dos espaços sociais, é reduzida ao um momento de preparação para o andar.

Pensar a infância como acontecimento significa, nesse sentido, entender o processo de desenvolvimento humano não como uma continuidade definida por estágios já traçados, mas como vivências descontínuas, que marcam rupturas, que constroem acontecimentos que não se sucedem, mas se confrontam e inscrevem suas marcas na constituição da vida psíquica. Pensemos a infância não como degraus de uma escada cujo ápice seria o adulto, mas como camada entre camadas, acontecimento entre acontecimentos, construção cultural entre construções.

A infância, assim, passa a ser compreendida como vivência de uma alteridade, que inscreve suas marcas na cultura, definindo uma lente própria – a cultura infantil. Ao mesmo tempo, permite superarmos uma visão etapista, que impõe à criança uma infantilização de sua experiência. Nesse sentido, indica-se a compreensão da criança como sujeito social, com uma produção cultural diferenciada, embora não exclusiva, cujas marcas se mostram presentes também na produção cultural mais ampla, em que o infantil não é sinônimo do infantilizado.

A singularidade da infância é proclamada, porém, tendo como referência uma infantilização de sua singularidade e uma domesticação de sua cultura. Nesse sentido, a valorização da infância corresponde a um reconhecimento da complexidade e da especificidade da cultura infantil ou a uma valorização da infância como tempo de intervenção por parte do adulto?

Novamente recorrendo a Larrosa (1998, p. 84)

> [...] serão as verdades de nossos saberes uma forma confortável de engano que nos deixa absolutamente desvalidos diante do enigma da infância, ocultando-o inclusive como tal enigma? Não serão nossas verdades a expressão de uma relação com a infância na qual esta, já completamente apropriada sem enigma algum, possa converter-se no objeto e no ponto de partida de nossa vontade de dominação?

Retornando à psicologia, se por um lado Piaget vai trabalhar com um modelo etapista e finalista de desenvolvimento, por outro indica-nos uma criança como sujeito do conhecimento que persiste insistentemente em nós, perguntando-se sobre o significado do mundo, como este se organiza e expressando-o em suas produções simbólicas. Vygotsky vai demonstrar que a criança interroga-se basicamente sobre o mundo social, seus signos, como situar-se num mundo de sujeitos. Tal como Édipo, diante da esfinge que lhe proclama: decifra-me ou devoro-te, o mundo propõe a criança o enigma do existir, o qual irá atravessar sua história. Ao estranhar o universo social, a criança estabelece condições de legibilidade.

Tal como o cientista social, para quem estranhar é condição básica de conhecimento.

A complexidade da pergunta que unifica o porquê infantil e o do cientista e artista adulto, o saber advindo do questionamento e da desconstrução do real tem na criança a expressão através da atividade simbólica, em sua multiplicidade de linguagens e no adulto na ciência e na arte. Ambas as produções encontram-se na infância interligadas, indistintas.

Assim é que construir um saber sobre a infância significa superar uma perspectiva etapista e infantilizadora e tomar a infância como acontecimento, vivido por um sujeito social, a criança, produtor e produto da cultura, que na singularidade de sua experiência constrói a cultura infantil. Nesse sentido, cabe reestabelecer um diálogo com outros campos de produção do conhecimento como a sociologia, a antropologia e a história, em sua construção contemporânea.

Se a ciência moderna foi aqui compreendida como tendo produzido um apagamento da diferença, a pós-modernidade anuncia outra concepção de construção do conhecimento, em que alteridade assume destaque. A tentativa de apreensão do outro, a partir de suas categorias simbólicas, faz-se presente nas ciências humanas, anunciando outras possibilidades investigativas, renunciando a ideia de progresso e evolução, associados a uma racionalidade científica.

Pensando em nosso objeto de investigação: a infância, a construção de uma psicologia da criança inserida na pós-modernidade significa reconstruir os referenciais de análise do processo de desenvolvimento humano, descentrando-o da progressiva construção de uma racionalidade científica. Kennedy (1999) nos provoca ao perguntar: e se tomássemos como referência para a análise do processo de desenvolvimento humano a produção artística?

Nesse sentido, cabe um diálogo na construção do conhecimento sobre a infância com as produções artísticas que buscam não explicá-la, mas escrever o acontecimento infantil. Quer seja a literatura, o cinema, as artes plásticas, a infância vem sendo fonte de apreensão pelo campo artístico, em que uma vasta produção apreende a criança sem infantilizá-la, mas buscando narrar a experiência infantil, presente na vivência do adulto.

Valendo-se desses referenciais, é possível refletir sobre a criança e a cultura infantil, discutindo suas características, não como aprisionadas no seu corpo, como intrínsecas e exclusivas ao universo infantil, mas como processo de construção do conhecimento e de significação do mundo que tem na infância o tempo e o espaço de produção ou a fonte de narração. No dizer de Handke (1991 *apud* LARROSA, 1998, p. 86): "nada daquilo que está citando constantemente a infância é verdade; somente o é aquilo que, reencontrando-a, a conta". E qual seria a singularidade da cultura infantil? Tematizemos alguns fragmentos que nos possibilitam refletir sobre a complexidade do acontecimento infância.

O conceito de cultura infantil é recente na produção de estudos sobre a criança. Tal conceito tem sido referido à sociologia da infância, campo caracteristicamente interdisciplinar, que vem buscando apreender a infância entendendo a criança como ator social. Autores como William Corsaro, Manuel Sarmento vêm buscando tematizar a especificidade da cultura infantil, analisando suas produções simbólicas, bem como suas estratégias de produção. No dizer de Sarmento (2004, p. 22)

> [...] as culturas da infância exprimem a cultura societal em que se inserem, mas fazem-no de modo distinto das culturas adultas, ao mesmo tempo que veiculam formas especificamente infantis de inteligibilidade, representação e simbolização do mundo

A linguagem dos sem fala

> "Quando uso uma palavra", disse Humpty Dumpty – num tom zangado –, "ela significa exatamente o que eu quero que ela signifique – nem mais nem menos".

"A questão" – disse Alice – "é se você pode fazer as palavras significarem tantas coisas diferentes".
"A questão" – disse Humpty Dumpty – "é saber qual o significado mais importante – isto é tudo" Alice estava muito intrigada para dizer qualquer coisa.

L. CAROLL

Definida pela ausência da fala, é na linguagem que a criança se faz sujeito. É através da linguagem que as experiências são subjetivadas, significadas e compartilhadas. A criança o faz a partir de um sistema de signos cuja objetividade impõe-se à experiência, ao mesmo tempo que a modela. Na aprendizagem da linguagem, a criança introjeta a estabilidade, a fixidez e a rigidez dos signos. Só é possível traduzir e comunicar, bem como modelar sua experiência sensível, idiossincrática fazendo uso de signos convencionais, arbitrários. Mais do que expressão ou tradução da experiência individual, a linguagem dá forma a tal experiência, inscrevendo-a e circunscrevendo-a no interior de um repertório cultural expresso nos signos linguísticos. Assim é que, ao fazer uso desses signos, a criança, na interação cotidiana, constrói, introjeta e apreende categorias de organização do mundo, armazenadas historicamente pelo grupo social onde se situa. Nesse sentido, a linguagem constitui a expressão maior da cultura humana.

Por outro, a linguagem é compreendida como representação de algo ausente, um pensamento, uma imagem, da qual a palavra seria sua expressão sonora. Piaget enfatiza o caráter da linguagem de expressão da função simbólica, a semelhança da imitação diferida, do desenho e dos jogos simbólicos. Segundo o autor: "A linguagem oral do homem não é senão a principal e não única manifestação de uma função simbólica mais geral" (PIAGET; INHELDER 1971, p. 41 *apud* BANKS-LEITE, 1997, p. 214). De acordo com sua concepção, a função maior da linguagem seria sua possibilidade de representação, tanto no sentido de simbolizar objetos como pensamentos.

Nessa visão racionalista, herdeira de uma leitura kantiana, o primado está nas ideias que tomam forma na linguagem. Para Granger (1976, p. 204 *apud* BANKS-LEITE, 1997, p. 212). Piaget compreendia a linguagem como: "um comentário ou expressão quase transparente de um pensamento ou uma conduta". Nessa visão, quanto mais elaborado, sofisticado e lógico um pensamento, mais complexa será sua tradução linguística. Toda uma pedagogia edificadora da racionalidade científica será também edificadora de uma linguagem que, mesmo reconhecendo a polissemia, busca ser capaz de articular um discurso lógico, que traduza os conceitos mais abstratos, transformando-os em palavras, com uma gramática capaz de acolher a sofisticação das ideias. O aprendizado da ciência é também o aprendizado uma linguagem científica que opera com a verdade, objetivada nos signos.

Para além da função representativa, porém, a linguagem toma significado de veículo, forma de comunicação e interação social, fator central pouco considerado na leitura piagetiana e desenvolvido por Vygotsky. Sem dúvida, a linguagem exerce o papel de signo comunicativo, tendo sua origem no desenvolvimento social da criança, mais do que de suas capacidades cognitiva geral (RIVIERE, 1995). É a descoberta de si mesma como ser social que conduz a criança a partilhar experiências fazendo uso da linguagem, ao mesmo tempo construindo uma subjetividade informada pelos signos culturais por excelência: os signos linguísticos.

Para além desse aprendizado, que lhe permite integrar-se ao universo cultural, a criança faz um uso diferenciado da linguagem convencional do adulto. Ela impõe à linguagem outros usos e significados, deslocando-a.

As narrativas e as poesias vêm demonstrando as possibilidades de outros discursos, fundados não numa racionalidade lógica, mas na sofisticação da palavra como signo entre signos, do texto como palco de construção de significados. Como afirma Barthes (*apud* WHITE, 1994, p. 288):

O texto é coleção de signos dados sem relação com idéias, linguagem ou estilos e que intenta definir, na densidade de todos os modelos de expressão possível, a solidão da linguagem ritual.

A metáfora toma forma como outra possibilidade de produção de discurso. Ela não exprime um pensamento ausente, uma ideia a ser recuperada por um exercício cognitivo, ela é, em sua irredutibilidade, expressão, necessariamente polissêmica, com um significado que se desloca.

Nesse campo, o discurso poético e o infantil encontram-se, ao tomar a fala como espaço da polissemia, ao trabalhar o signo linguístico na sua relação com outros signos, e não com um conceito ao qual seria remetido. A linguagem deixa de ser representação de "uma coisa", de uma ideia ausente, para ser ela mesma coisa, objeto linguístico com a qual se brinca. No entanto, as metáforas infantis expressam-se e tomam forma nas ações cotidianas, prototípicas, enquanto as metáforas poéticas buscam recorrer a associações novas, que liberam nossa percepção dos objetos (RIVIÉRE, 1995).

Brunner vem dizer-nos de dois tipos de estruturas mentais organizadas em linguagens. De um lado, a linguagem científica voltada para a produção da verdade, através do uso do discurso argumentativo. De outro, o pensamento narrativo, comprometido não com a produção da verdade, mas da verossimilhança. Um busca a universalidade, o outro volta-se para a particularidade. No dizer de Brunner (1997, p. 14),

> [...] o modo paradigmático ou lógico científico tenta preencher o ideal de um sistema formal e matemático de descrição e explicação. Ele emprega a categorização ou a conceitualização e as operações pelas quais as categorias são estabelecidas, instanciadas, idealizadas e relacionadas umas as outras para formar um sistema.
>
> Já o modo narrativo trata das ações e intenções humanas ou similares às humanas e das vicissitudes e das conseqüências que marcam seu curso. Ela se esforça para colocar seus

milagres atemporais nas circunstâncias da experiência e localizar a experiência no tempo e no espaço.

A linguagem infantil seria informada por uma estrutura narrativa, sendo que a criança teria dificuldade em operar com a linguagem científica. É interessante observar como, em suas diferentes produções simbólicas, a criança submete-as a uma narrativa, produzindo tempos e espaços, deslocando objetos numa relação com o real, em que esse é alvo de deslizamentos metafóricos. Produz-se um jogo, em que a regra é o deslocamento, o "como se fosse", para além da realidade concreta e tangível do mundo cotidiano, na experimentação das possibilidades da narração.

O brincar

Poesia para ser bela tem que ter a seriedade do brincar.

MANOEL DE BARROS

Atividade infantil por excelência na cultura contemporânea, o brincar, no entanto, não constitui privilégio da infância, mas toma no adulto outra conformação. Brincar constitui uma das ações através das quais simbolizamos o enigma do ser humano, inserido num universo cultural. Nesse sentido, o brincar conforma uma linguagem simbólica presente tanto na criança como no adulto. No dizer de Schiller (apud DUFLO, 1999, p. 77): "O homem não joga senão quando na plena acepção da palavra ele é homem, e não é totalmente homem senão quando joga".

Tal reflexão sobre o sentido dos jogos na constituição humana, trazendo para o campo filosófico um objeto tradicionalmente pouco considerado, tem em vista superar uma visão do homem como sede da razão, apontando a importância do desenvolvimento das sensibilidades, fundamentos de uma formação estética.

Schiller, ao discutir o sentido do jogo, analisa-o como espaço de possibilidade de superação da oposição razão e sensibilidade. Por meio dos jogos, o homem transcenderia tal dicotomia. Schiller destaca a dimensão estética dos jogos (referindo-se aqui aos jogos adultos) que, no seu compromisso com a realização do belo, iriam além dos limites de uma racionalidade pragmática, ao mesmo tempo que de uma experiência dos sentidos colada no concreto. Faz-se possível perceber nas brincadeiras infantis tal dimensão estética, em que os jogos buscam o equilíbrio, a perfeição, ritualizando a experiência humana.

No brincar, a criança interroga-se sobre o mundo onde está situada, estranha (estranhamento que é a condição primeira para compreensão e construção do conhecimento). Mediante a brincadeira, a criança desnaturaliza o mundo social, ao trabalhar sua estereotipia. A criança não reproduz em sua brincadeira o mundo tal como ela o vive, mas recria-o, explorando os limites de sua construção. Como linguagem, o brinquedo traz em si uma gramática própria que não constitui uma representação ou reprodução do real. A criança não pensa o mundo para expressá-lo na brincadeira, mas o significa através dela. Assim é que o brinquedo transcende o real, elabora as múltiplas possibilidades de sua construção.

Benjamin indica que o brincar não consiste num fazer como si, ou seja, como se a criança, no brincar, mimetizasse o real. Ao contrário, como linguagem simbólica, o brincar em si propicia a construção da experiência. No dizer do autor (BENJAMIN, 1984, p. 74),

> [...] antes de penetrarmos, pelo arrebatamento do amor, a existência e o ritmo frequentemente hostil e não mais vulnerável de um ser estranho, é possível que já tenhamos vivenciado esta experiência desde muito cedo, através de ritmos primordiais que se manifestam nestes jogos com objetos inanimados nas formas mais simples. Ou melhor,

é exatamente através destes ritmos que nos tornamos senhores de nós mesmos.

Nesse sentido, a ideia do brincar como reprodução do real reduz suas possibilidades de interpretação. O brincar constitui domínio da experiência humana irredutível a outros domínios. Ele constitui em si espaço de vivência do humano, e não sua interpretação. Ou seja, ele constitui uma arena de sentidos. Perec (1995, p. 14) evoca a cena do brinquedo como palco de significados, experiência do humano: "Fui como uma criança que brinca de esconde esconde e não sabe o que mais teme ou deseja: permanecer escondida ou ser descoberta".

O caráter lúdico media a ação da criança no mundo. Em suas atividades, a criança empresta-lhes um sentido que não está na objetividade dos resultados, buscados pelo adulto, mas no prazer da sua execução. Prazer que vem de brincar com os objetos, os seres e a linguagem, emprestando-lhes um sentido que vai além da realidade imediata. A criança vai além da realidade significada pelo mundo adulto, ao atribuir ao que a cerca um sentido próprio, transgredindo o real. Tal atividade de brincar dá-se no diálogo com o mundo adulto. A criança não apenas transgride através de sua ação lúdica o real, mas tenta compreendê-lo e significá-lo, brincando de ser adulto, ou seja, reiventando-o.

Nesse sentido, como apontou Vygotsky, a brincadeira constitui a atividade por meio da qual a criança significa a cultura. Seu sentido está não nos resultados práticos da ação, mas na ação ela mesma (LEONTIEV, 1988). Ação que envolve um deslocamento do significado dos objetos, mediado pela imaginação. Para Leontiev, não é a imaginação que cria a brincadeira, mas essa é acionada no ato do brincar, no diálogo com o real. O real aparece não como reprodução de situações e interações com indivíduos concretos com os quais a criança convive. O real como ação protótipica, em que a criança busca internalizar papéis e ações sociais numa atividade generalizada. No dizer do autor (1988, p. 6):

> [...] o motivo para a criança não é reproduzir uma pessoa concreta, mas executar a própria ação como uma relação com o objeto, ou seja, precisamente uma ação generalizada.

Essa dimensão do brincar reforça compreendê-lo como interação com a cultura. Nesse sentido, a imaginação se apresenta não exatamente como capacidade de a criança fabular, mas de extrair das situações cotidianas e das interações concretas seus elementos protótipicos, que permitem à criança significar a cultura.

Manuela Ferreira destaca a dimensão de envolvimento mútuo do brincar, em que os diferentes atores negociam papéis, levando em consideração as perspectivas e o papel do Outro e assim provocando o aprendizado de uma competência sociocognitiva. Ao mesmo tempo,

> [...] se processa a (re)negociação da definição da situação e a afirmação de acordos, a resolução de problemas e conflitos, a (re)definição de papéis, a incorporação da diversidade nas suas performances e a aceitação dos outros, a criação de regras mais concretas ou abstratas reguladoras das interações e a expressão de estilos mais personalizados de ação que brindam as brincadeiras com um maior refinamento, embelezamento e complexidade. (FERREIRA, 2004, p. 89)

Como nos indica Huizinga (2000, p. 22), citando Platão: "é preciso tratar com seriedade aquilo que é sério". E tomar o brincar como atividade dotada de uma seriedade que a aproxima do sagrado: "a criança joga e brinca dentro da mais perfeita seriedade, que a justo título podemos considerar sagrada. Mas sabe perfeitamente que o que está fazendo é um jogo" (p. 21).

Imitação

A imitação é outra característica da ação infantil. Ela é fundamental para introjeção da realidade que circula a criança. A imitação significa uma ação simbólica, através da qual a criança tenta, na repetição reconstrutora do ato adulto, apreender seu significado.

Tal imitação não é a cópia da ação do adulto, mas sua apropriação, mediada pela imaginação. Como destaca Ferreira, na imitação a criança institui um nexo entre o mundo adulto e o mundo infantil, num processo de reprodução interpretativa. Tal termo, cunhado por Corsaro (2001), busca destacar para a autora

> [...] a natureza criativa dos processos de reprodução social, ao mesmo tempo que procura distanciar-se da ideia de que as crianças apenas se limitam a imitar o mundo adulto ou apropriar-se indiscriminadamente dos seus recursos culturais [...] o termo interpretativo, ao sublinhar aspectos inovadores, transformadores e criativos dos pontos de vista e das participações das crianças nas interações sociais, salienta a apropriação selectiva, reflexiva e crítica que elas efetuam do mundo adulto. (FERREIRA, 2004, p. 60)

Se por um lado a imitação constitui um mecanismo de aprendizagem e desenvolvimento, por outro é uma forma de expressão intersubjetiva (RIVIERE, 1998). Mediante a imitação, a criança não apenas significa o mundo adulto, experimentando suas possibilidades no ato de imitar, mas também vivencia uma interação nesse ato. No jogo imitativo com o adulto, ela partilha o mundo social, constrói um universo comum de significações. Outro aspecto a destacar-se na imitação é que a criança seleciona, no ato imitativo, aquilo que ela busca compreender. Ela não imita qualquer ato, de maneira mecânica, mas seleciona, no universo adulto, aquilo de que ela quer apropriar-se.

Assim é que, por exemplo, ao imitar a mãe ao falar ao telefone, a criança, por um lado, compreende os usos e significados desse objeto, telefone. Mas também, na imitação, estabelece uma interação com a mãe, ambas construindo e partilhando um universo comum nessa atividade imitativa.

Tradicionalmente, no entanto, pouco consideramos a complexidade da ação imitativa da criança. Ela é tomada como atividade menor, passiva, e não como estratégia de aprendizagem, construção do conhecimento e interação social por um sujeito que a utiliza como ferramenta de apreensão do mundo.

Nos jogos infantis, a imitação aparece como dimensão intrínseca. Muito mais do que o gesto ou a ação que é imitada, busca-se estabelecer uma troca com o Outro na ação, construir um universo simbólico partilhado, como um jogo de "passa anel".

Cabe destacar também que a atividade imitativa, além de dirigir-se ao Outro, representante da cultura, o faz na interação com os artefatos historicamente produzidos por essa cultura. A criança imita o adulto na sua ação sobre os objetos que a circulam, introjetando seu significado, apropriando-se de tal objeto e condensando, no ato de imitar, o processo histórico de fabricação e uso de tal instrumento.

Por exemplo, ao imitar o adulto lendo o livro, a criança o faz de maneira ativa. Ela não reproduz a ação concreta da leitura adulta, mas a ressignifica, de acordo com sua compreensão do que seja o ato de ler e do seu conceito de objeto livro. Assim, ela lê as gravuras, lê de cabeça para baixo, experimenta diferentes formas de interação com esse objeto, valendo-se da imitação do ato adulto. Suas ações não são aleatórias, mas significam um diálogo com a cultura humana, materializada nesse artefato – o livro. Tal ato Leontiev denominou de apropriação, ou seja, o processo individual de aprendizagem do repertório cultural, na interação com o adulto. Nessa interação, a criança de certa forma reconstrói, a nível individual, o processo histórico de produção de tal artefato. Ela não precisa construir ou inventar por si própria o objeto livro, mas apropriar-se de seu significado historicamente construído, expresso em sua materialidade.

Nesse sentido, o processo de desenvolvimento individual da criança é necessariamente histórico, à medida que se dá na interação com artefatos historicamente produzidos. A imitação pode ser compreendida como estratégia cognitiva de apropriação da cultura humana. Como aponta Wartofsky (1999, p. 99),

> A ação humana envolve principalmente a feitura e o uso de artefactos. Eles são, pela sua própria natureza, ou pela sua origem na produção e comunicação humana intencional, objetos teleológicos já providos de significado. Eles são as materializações da práxis cognitiva – isto é a atividade conscientemente intencionada – e por isso esses artefactos ou construções humanas [...] são entes simbólicos ou representativos, entes que também servem como meios de cognição e protótipos de representação interna ou de pensamento imaginativo ou reflexivo.

A Imaginação

> Logo mais se calam, de súbito,
> E vão seguindo em fantasia
> A viagem-sonho da heroína
> No país de assombro e magia
> Em alegre charla com os bichos
> E crêem um pouco na utopia
> LEWIS CAROLL

No ato da brincadeira, buscando compreender o universo que a cerca através da imitação, a criança desenvolve uma função psíquica fundamental: a imaginação. A imaginação, ao lado da razão, constitui um mecanismo básico de apreensão do mundo. Nossa cultura, porém, habituou-se a pensar a imaginação como característica da criança ou do artista apenas, e não como processo inerente de compreensão do mundo. Como aponta Bachelard (1994), a imaginação se distingue do uso da razão na construção do conhecimento do mundo. Enquanto compreender, através do uso da razão, envolve um diálogo com o real, com as ideias socialmente construídas, a imaginação nos desliga ao mesmo tempo do passado e da realidade imediata, ela nos liberta do concreto e nos lança nas diferentes possibilidades de construção.

A imaginação permite-nos desenvolver o pensamento criativo, fundamental para nossa inserção no mundo. Contudo, a escola pouco valoriza e trabalha a imaginação, como se essa fosse apenas resultado de uma racionalidade pouco desenvolvida na criança, como se, ao longo do processo de desenvolvimento, a imaginação fosse substituída pela razão, característica do pensamento do adulto.

Na verdade, a imaginação é tão importante no adulto como o uso da razão; ela nos permite explorar o novo, inventar, criar possibilidades para além do concreto e imediato. A imaginação não é privilégio da infância, mas marca a conformação do nosso pensamento.

Mas o que é a imaginação? Falando grosso modo, é a capacidade de elaborar imagens, tanto evocando objetos e situações vividas como formando novas imagens. A imaginação funda-se numa relação com o sensível, ao mesmo tempo em que rompe ao representá-lo através de imagens.

Para Bachelard (1994), ela carrega duas dimensões: a imaginação reprodutora, em que evocamos situações, acontecimentos, seres e pessoas, sendo referente ao vivido, e a imaginação criadora, que envolve a invenção, a combinação de ideias para além o real.

Tais dimensões não são, portanto, privilégio da infância, mas também caracterizam o pensamento adulto. A criança, no entanto, lança mão da imaginação na sua relação cotidiana com o mundo. Ela brinca com o real, sabendo que as fantasias são dimensões diferenciadas da realidade.[3] Mas, no ato de imaginar, em sua produção simbólica (usando desenhos, modelagem, jogos do faz de conta, no brinquedo, etc.), ela compreende e ultrapassa essa realidade, reconstruindo-a na imaginação.

A não afirmação de uma racionalidade hegemônica e vitoriosa na infância, ou a sua desconstrução na e pela cultura infantil vem afirmar o que Lyotard chama da irracionalidade da infantia, ou

> [...] aquilo que resiste apesar de tudo [...] mas alguma coisa nunca será derrotada, ao menos enquanto os humanos nascerem bebês, infantes. Infantia é a garantia de que continua a existir um enigma em nós, uma opacidade não facilmente comunicável – que resta alguma coisa que permanece, e que nós devemos dar testemunho dela (LYOTARD, 1992, p. 416 *apud* KENNEDY, 2000, p. 83)

Repetição

> Sabemos que para a criança a repetição é a alma do jogo, nada alegra-a mais do que o mais uma vez...
> e de fato toda experiência mais profunda
> deseja insaciavelmente até o o final das coisas,
> repetição e retorno.
>
> BENJAMIN, 1984, p. 74

Outra característica da relação que a criança estabelece com o mundo é a repetição. Ao brincar, ou desenvolver uma atividade que lhe dá prazer, o sinal de sua satisfação é dizer –

---

[3] Através da imaginação, a bola, por exemplo, torna-se também lua, um balão, uma roda. A criança parte da bola concreta, mas, na imaginação, a transforma e ultrapassa.

"de novo", imediatamente após o fim da atividade. Segundo Benjamin, é a repetição que permite à criança compreender o mundo, experimentar suas emoções, elaborar suas experiências. Se o adulto o faz através da linguagem, narrando o vivido, à criança tem como estratégia a repetição. Ela precisa ouvir sempre a mesma história, contada com as mesmas palavras, reviver os mesmos filmes, cantar as mesmas músicas e repetir jogos que lhe deram prazer, exaustivamente. Até que seu interesse se desloca, quando compreende e assimila aquela atividade, substituindo pela repetição de uma nova. É como se, por meio da repetição, ela pudesse compreender e apropriar do novo, do angustiante, do prazeroso. Portanto, não é apenas o que lhe dá prazer que é repetido, mas aquilo que deseja experimentar e compreender. Mediante a repetição, a criança ordena suas emoções, disciplina seu mundo interno, dando-lhe logicidade.

Freud, ao analisar o ato de uma criança que repetidamente brincava com um carretel, puxando-o para si e afastando-o, ao mesmo tempo acompanhando do som "fort-da", indicou ali a repetição como elaboração do vivido, no caso a separação da mãe e seu retorno, demonstrando sua complexidade. Segundo ele:

> [...] no caso da brincadeira, parece que percebemos que as crianças repetem experiências desagradáveis pela razão adicional de poderem dominar uma impressão poderosa muito mais completamente de modo ativo do que poderiam fazê-lo simplesmente experimentando-a de modo passivo [...] nada disso contradiz o princípio do prazer: a repetição, a reexperiência de algo idêntico, é claramente, em si mesma, uma fonte de prazer. (FREUD, 1976, p. 52)

Freud destaca, portanto, que o prazer encontra-se não no motivo, no objeto da repetição, mas no ato de repetir, do refazer no que denomina "compulsão à repetição", elemento característico do brincar infantil. Tal repetição tem na criança uma temporalidade própria, que se destaca e diferencia do tempo produtivo cronológico do adulto. Ela é ditada pelo inconsciente que desconhece o tempo e espaço objetivos e se exerce no brincar. Para Freud, posteriormente o sentido da repetição desaparece. No adulto, "a novidade é sempre condição de deleite" (Freud, 1976, p. 52), o que nos dificulta a apreensão do significado da repetição para a criança.

É importante destacar que a repetição não constitui a reprodução literal da mesma situação, marcada pela imobilidade. Nunes (2002, p. 82), num estudo sobre as crianças indígenas, destaca que, na perspectiva da criança, a repetição assume outro significado:

> [...] a repetição permite uma crescente e renovada possibilidade de participação em função do registro anterior, uma vez que, a cada ano, as habilidades são outras e esse gesto e essa palavra, somados a outros gestos e outras palavras, sofisticam-se e ganham novos contornos e conteúdos, num ritmo muito veloz e em constante experiência. Por isso as crianças insistem em repetir tanto o que para nós parece sempre igual. Na verdade, para as crianças, nunca é igual. A cada vez que o repetem, elas tentam novas possibilidades, enfrentam novos desafios, afirmam um novo saber.

A beleza

> As coisas sem importância são bem de poesia
> Tudo aquilo que nos leva a coisa nenhuma
> E que você não pode vender no mercado
> Como, por exemplo, o coração verde dos pássaros
> Serve para poesia
> Manoel de Barros

Também é característico da atividade infantil sua forte dimensão estética. Através das atividades mais corriqueiras, como arrumar uma estante, vestir uma roupa, a criança procura não apenas expressar-se, mas produzir o belo, como um artista. Tais atividades superam sua dimensão prática, tendo um caráter expressivo de sua subjetividade e de sua compreensão da beleza. Ela ordena pedrinhas, lápis, escolhe suas roupas como uma atriz se preparando para o palco, em que a utilidade da ação é secundária em relação ao seu caráter criativo e expressivo.

Essa necessidade de expressão estética vai traduzir-se numa farta produção artística, em que a criança lança mão das mais diferentes linguagens para significar o mundo. Ela pinta e desenha, canta, dança, representa, em que o fazer artístico torna-se dimensão fundamental de sua subjetividade. Nessa ação, ela transita pelas diferentes expressões estéticas, experimentando materiais, recursos e temáticas. É imperioso para a criança dar livre expressão à sua ação artística, sem submetê-la a uma disciplinação pedagogizante, definida pelo adulto, mas possibilitar essa multiplicidade de expressões, utilizando diferentes tipos de material.

A riqueza das expressões plásticas infantis vem sendo há muito discutida. Numa perspectiva evolutiva, característica do olhar de grande parte das teorias psicológicas do desenvolvimento, o desenho infantil vem sendo sistematicamente abordado, destacando-se das demais produções estéticas, à luz de um recorte que situa tal produção em estágios. Esses seriam definidos a partir da progressiva sofisticação plástica e complexidade cognitiva expressas no resultado de sua composição. Busca-se estabelecer parâmetros universais de análise da evolução dos desenhos infantis, normatizados em etapas, associadas ao desenvolvimento cronológico da criança. Tais quadros evolutivos têm em vista guiar a análise das produções individuais de crianças concretas, verificando-se sua adequação ou não à norma. Tal perspectiva significou um apagamento da análise do significado do desenho para a criança, sua redução à expressão de sua evolução plástica e principalmente cognitiva.

Num outro recorte, artistas e psicólogos vêm falar da extrema riqueza plástica da produção dos desenhos infantis.

No dizer de Picasso: "Levei 20 anos para pintar como Rafael e toda uma vida para pintar como criança". O artista rompe aí com toda hierarquia infantilizante, apontando a complexidade plástica da pintura infantil, que se tornará referência estética para a arte moderna.

Se na produção infantil e na do artista adulto destaca-se a riqueza plástica, o pintor Paul Klee (*apud* CHEMAMA, 1978, p. 16) afirma que

> [...] não comparem meus trabalhos aos das crianças [...] são mundos à parte [...] nunca esqueçam que uma criança não conhece nada de arte [...] o artista, pelo contrário, está preocupado com a composição formal de suas telas: a significação figurativa destas é desejada e se realiza graças às associações do inconsciente.

No mesmo sentido, para Malraux (*apud* CHEMAMA, 1978, p. 17): "Embora a criança seja frequentemente artista, não é um artista, pois embora seu talento a possua, ela não o possui".

A produção plástica da criança não tem compromisso com o campo artístico, mas tem em vista uma imperiosa construção e expressão de sua subjetividade. As produções plásticas infantis constituem domínio não apenas de representação do mundo, mas necessidade de uso de linguagens, ordenação do mundo interno, através do uso de signos pictóricos.

Gardner (2002) vai falar da "idade do ouro do desenho" localizada cronologicamente entre os quatro e sete anos, que posteriormente sofreria uma atrofia, com o desenvolvimento de suas estruturas cognitivas lógicas, levando à produção de um desenho voltado para a reprodução do real. Tal atrofia dá-se por efeito, tanto de um desenvolvimento de uma linguagem racional, não expressa na produção artística, quanto de um sistema de ensino que desconhece, inferioriza ou elimina o desenvolvimento de outras linguagens na escola que não a linguagem científica ou cientificizada.

O autor busca problematizar essa aparente involução do desenho infantil, tentando analisar a relação dos desenhos produzidos na "idade do ouro" com a produção artística do adulto, desenvolvendo uma análise semiótica dessa produção.

Chemama (1978, p. 21), a partir de um viés psicanalítico, analisa o significado do desenho para a criança, destacando que

> [...] o que faria para nós o valor de todo desenho é que, ao caos do mundo que nos cerca, até mesmo sua crueldade, o desenho opõe como que um limite, circunscrevendo o Outro terrificante que supomos, por engano, ou às vezes com razão, neste universo sem forma

Nesse sentido, o desenho assumiria o significado de organizar o mundo para a criança, apaziguando-o através de sua inscrição num pedaço de papel, como uma escrita a qual se opõe o caos.

Para Chemama, a criança, no ato do desenho, ato que deve ser objeto de análise mais do que o resultado de sua composição, deixa suas marcas no mundo:

> [...] quando a criança pequena chega a desenhar pela primeira vez algo sobre uma folha, é o próprio fato de inscrever que parece ter um valor particular, como se evidenciasse a existência do próprio sujeito. (CHEMANA, 1978, p. 23)

Para além da análise do desenho, cabe compreender o papel central que a produção artística exerce na construção da subjetividade e cultura infantis, destacando a importância de uma educação estética, fundamental em um projeto de formação[4] humana.

---

[4] O conceito de "formação" aqui se refere a *bildung*, termo alemão que remete ao desenvolvimento estético a partir da imersão na cultura, em oposição a mera instrução.

O grupo de pares

Outra característica a ser destacada na cultura infantil é seu caráter coletivo. A produção da criança dá-se a partir das interações com os pares. Ela precisa do outro: colegas, irmãos, adultos para ancorar-se e desenvolver suas atividades, principalmente quando estas envolvem o novo, o não sabido. A ação da criança sobre os objetos é sempre mediada pela interação, quer com outros adultos, quer com outros pares. Na medida em que essa ação é internalizada, a criança prescinde do outro concreto, internalizando-o.

O caráter coletivo da produção infantil vai também expressar-se numa sociabilidade própria – os grupos de pares. A criança necessita do grupo para situar-se no mundo, estabelecendo uma relação diferenciada da que constrói com os adultos, com códigos próprios. Esse universo grupal infantil não é despido de regras, mas, ao contrário, é carregado de normas, leis e punições que não reproduzem o universo social adulto, mas o ressignificam e reconstroem.

Para Wartofsky (1999, p. 106):

> As crianças são ativas na sua própria construção da infância, nas formas institucionais sociais fornecidas pela sociedade infantil, aquelas formas inventadas e variáveis de organização e interação de parceiros, quer sejam os jogos que as crianças brincam, quer a sociedade das esquinas do bairro, ou os até hoje misteriosos e inexplorados modos de transmissão cultural do saber e do humor infantil.

Ou seja, existe não apenas uma especificidade da ação infantil na busca de compreensão do mundo, mas também uma sociabilidade e estratégias de aprendizagem diferenciadas, a serem melhor compreendidas.

Os grupos de pares, na definição de Ferreira (2004, p. 69):

> [...] são grupos etários cuja reunião se fundamenta nas semelhanças atribuídas, que, partilhando uma mesmeidade social e institucional, são unitariamente definidos como grupos de pares.

No interior do grupo de pares, a criança lança mão de outras estratégias e recursos de aprendizagem, calcados não tanto na transmissão oral, mas na imersão na experiência, na ação coletiva. É através da participação nas atividades coletivas que a criança aprende suas regras, formas de realização, sem que isso seja verbalmente expresso. A observação atenta das ações das demais crianças, o caráter assistemático e não intencional da aprendizagem, aliados à participação na atividade coletiva, constituem as principais estratégias de aprendizagem das ações infantis. Essas ocorrem de maneira diferenciada da aprendizagem escolar, calcada na transmissão intencional do que se quer ensinar/aprender, com recurso à verbalização da experiência e realização da atividade só após a verificação da sua aprendizagem.

Como afirma Sarmento (2004), a interação infantil realiza-se tanto no plano sincrônico quanto diacrônico. Assim é que as crianças, nas interações intrageracionais, deixam seu legado de jogos e brincadeiras transmitidas aos mais novos e que assim se conservam através de sucessivas gerações, conformando um repertório de produções culturais próprias. Tal repertório tem como característica seu caráter de tradição, de conservação de uma cultura essencialmente oral.

Conclusão

Os fragmentos da cultura infantil, aqui apenas indicados, permitem-nos pensar a infância e sua produção cultural, não como universos distintos do adulto, mas elementos que historicamente foram associados à criança, mas que também se fazem (ou fizeram) presentes na cultura adulta.

Tais fragmentos permitem-nos também analisar a complexidade da vida psíquica infantil e de suas produções simbólicas, superando as hierarquias redutoras referenciadas no mundo adulto, compreendendo a infância como acontecimento irredutível em sua complexidade.

Por fim, indicam possibilidades de compreensão e atuação com a criança, de maneira que os diferentes momentos da construção biográfica do indivíduo sejam analisados não de forma estanque, mas como construções que devem estar em diálogo na cena social, permitindo experenciar e dialogar sobre a complexidade do humano e de suas infinitas formas de construção e produção simbólica.

Como nos indica Bartolomeu Queiróz (1995, p. 10):

> A infância brincava de boca de forno, chicotinho queimado, passar anel ou correr de cabra cega. Nossos pais, nesta hora preguiçosa, liam o destino do tempo escrito no movimento das estrelas, na cor das nuvens, no tamanho da lua, na direção dos ventos. O mundo não estava dividido em dois, um para as pessoas grandes, outro para os miúdos. As emoções eram de todos.

Referências

BACHELARD, Gaston. A poética do espaço. In: *Os pensadores*. São Paulo: Abril Cultural, 1984.

BACHELARD, Gaston. *Fragmentos de uma poética do fogo*. São Paulo: Brasiliense, 1990.

BANKS-LEITE, Lucy. As questões linguísticas na obra de Jean Piaget: apontamentos para uma reflexão crítica. In: BANKS-LEITE, L. (Org.). *Percursos piagetianos*. São Paulo: Cortez, 1997.

BARROS, Manoel. *Retrato do artista quando coisa*. Rio de Janeiro: Record, 1998.

BENJAMIN, Walter. Reflexões: *a criança, o brinquedo e a educação*. São Paulo: Summus, 1984.

BRUNER, Jerome. *Realidade metal, mundos possíveis*. Porto Alegre: Artes Médicas, 1997.

CHEMAMA, Roland. *A arte de desenhar*. Conferência: Centro de Estudos da Expressão, 1987/1988. (Mimeo).

DUFLO, Colas. *O jogo: de Pascal a Schiller*. Porto Alegre: Artes Médicas, 1999.

FERREIRA, Manuela. Do avesso do brincar ou... as relações entre pares, as rotinas da cultura infantil e a construção da(s) ordem(ns) social(ais) instituinte(s) das crianças no jardim de infância. In: SARMENTO, M.; CERISARA, Ana Beatriz (Org.). *Crianças e miúdos: perspectivas sociopedagógicas da infância e educação*. Porto: Asa, 2004.

FREUD, Sigmund. Além do princípio do prazer. In: *Edição standard brasileira das obras psicológicas completas de Sigmund Freud*. Vol. XVIII. Rio de Janeiro: Imago, 1920/1976.

GARDNER, Howard. *Arte, mente e cérebro*. Porto Alegre: Artes Médicas, 2002.

GIMENEZ, Fabian; TRAVERSO, Gabriela. Infância e pós-modernidade. In: KOHAN, W.; KENNEDY, D. (Org.) *Filosofia e infância*. Petrópolis: Vozes, 1999.

GOULD, Stephen Jay. *A falsa medida do homem*. São Paulo: Martins Fontes, 2004.

GOUVÊA, Maria Cristina Soares. A cultura da infância, a infância na cultura. *Presença Pedagógica*, n. 21. Belo Horizonte: Dimensão, 2000.

GOUVÊA, Maria Cristina Soares. Infância, sociedade e cultura. In: SALLES, F.; CARVALHO, A.; GUIMARÃES, M. (Org.). *Desenvolvimento e aprendizagem*. Belo Horizonte: Ed. UFMG, 2002.

HUIZINGA, Johan. *Homo ludens*. São Paulo: Perspectiva, 2000.

KENNEDY, David. Notas sobre a filosofia da infância e a política da subjetividade. In: KOHAN, W.; KENNEDY, D. (Org.). *Filosofia e infância*. Petrópolis: Vozes, 1999.

LARAIA, Roque de Barros. *Cultura – um conceito antropológico*. Rio de Janeiro: Jorge Zahar, 1988.

LARROSA, Jorge. Dar a palavra. Notas para uma dialógica da transmissão. In LARROSA, J.; SKLIAR, C. (Orgs.). *Habitantes de Babel.* Belo Horizonte: Autêntica, 2001.

LARROSA, Jorge. *Imagens do outro.* Petrópolis: Vozes, 1998.

LEONTIEV, Alexis. *O desenvolvimento do psiquismo.* Lisboa: Horizonte, 1978.

LEONTIEV, Alexis. Os princípios psicológicos da brincadeira pré-escolar. In: LURIA; LEONTIEV; VYGOTSKY. *Desenvolvimento e aprendizagem.* São Paulo: Icone, 1988.

NUNES, Angela. No tempo e no espaço: brincadeiras das crianças Auwê-xavante. In: SILVA, A.; MACEDO, A. V.; NUNES, A. (Orgs.). *Crianças indígenas: ensaios antropológicos.* São Paulo: Global, 2002.

PEREC, Georges. *W ou a memória da infância.* São Paulo: Companhia das Letras, 1995.

PIAGET, Jean. *Seis estudos de psicologia.* São Paulo: Forense, 1991.

QUEIRÓZ, Bartolomeu Campos. *Indez.* Belo Horizonte: Miguilim, 1995.

RIVIERE, Angel. Origem e desenvolvimento da função simbólica na criança. In: COLL, C.; PALACIOS, J. *Desenvolvimento psicológico e educação.* v. 1. Porto Alegre: Artes Médicas, 1995.

SARMENTO, Manoel. As culturas da infância na encruzilhada da segunda modernidade. In: SARMENTO, M. & CERISARA, Ana Beatriz (Org.) Crianças e miúdos: *perspectivas sociopedagógicas da infância e educação.* Porto: Asa, 2004.

SOUZA, Solange Jobim. Infância e linguagem: *Bakhtin, Vygotsky e Benjamin.* Campinas: Papirus, 1994.

WARTOFSKY, Marx. A construção do mundo da criança e a construção da criança do mundo. In: KOHAN, W. & KENNEDY, D. (Org.). *Filosofia e infância.* Petrópolis: Vozes, 1999.

WHITE, Hayden. Tópicos do discurso: *ensaios sobre a crítica da cultura.* São Paulo: Edusp, 1994.

A infância na mídia
Desvendando essa história

Marco Antônio de Souza

Questões iniciais

Em que momento histórico afinal de contas se criou a relação entre mídia e infância? Seria possível identificá-lo com clareza? Quais são as evidências de que a expansão da indústria nos séculos XIX e XX tenha proporcionado as tentativas pioneiras de elaborar os primeiros planos de propaganda endereçados aos produtos cujo grande alvo são as crianças? Existem algumas pistas nesse sentido? Essas questões são norteadoras das tentativas de interpretação que serão elaboradas a seguir, focalizando historicamente o comportamento da imprensa escrita de Belo Horizonte, ao longo do século XX, no que se refere à publicidade voltada para duas datas que interessam diretamente à infância: o Natal e o Dia das Crianças, ou como se costumava dizer, a Semana da Criança.

As lacunas dos estudos históricos são constantes desafios aos estudiosos empenhados em desbravar os caminhos quase sempre inexplorados de questões que se apresentam de modo pungente à sociedade contemporânea. O mundo da mídia voltada para a infância se constitui numa dessas questões que costumam atormentar até aqueles que dormem tranquilos sob as grandes árvores da expansão extraordinária dos estudos históricos originários da *Nouvelle Histoire*. Esses dois grandes fenômenos contemporâneos, a mídia e a infância, quando são estudados pelos historiadores costumam sê-lo separadamente. Mesmo assim os historiadores ficam a distância de um aprofundamento das questões que envolvem um e outro fenômeno, surgindo dessa forma um vazio de interpretações que contemplem a ambos. Sociólogos, psicólogos, antropólogos e estudiosos de outras áreas são mais afortunados nessa situação, investindo em análises que vão da relação das crianças e jovens com jogos eletrônicos e produtos da *mass media* até a busca de compreensão da exibição de programas televisivos voltados para esse público como no caso dos desenhos e séries com heróis do tipo Power Rangers.[1]

Uma exceção por parte dos historiadores que instituíam novos objetos, novas abordagens e novas fontes e que saiu em meio a uma profusão jamais vista das produções historiográficas renovadas pelos inquietantes trabalhos das últimas gerações da *École des Annales* se debruçou sobre a história da criança e da família. Num desses momentos da renovação da produção dos historiadores franceses, foi apresentado o trabalho instigante de Philippe Ariès. Em que pesem as críticas recebidas ao longo dos anos, este trabalho ainda provoca e inspira pesquisas sobre a infância, proporcionando àqueles que se interessam por esse assunto um fértil terreno para problematizarem suas pesquisas (ARIÈS, 1981; KRAMER, 1996).

No Brasil, só há pouco tempo a infância foi promovida a objeto de estudo pelos historiadores. A partir das duas últimas décadas do século passado, algumas obras ganharam destaque, podendo-se afirmar que a de Maria Luiza Marcílio sobre a

---

[1] Veja-se a este respeito a obra de STEINBERG e KINCHELOE (2004), que apresenta diversos estudos abrangendo informática, mídia, jogos eletrônicos, etc.

Roda dos Expostos e a coletânea organizada por Marcos Cezar de Freitas, bem como os estudos sobre a educação infantil de Moysés Kuhlmann Jr., pertencem a essa geração de trabalhos importantes. São diversas as teorias e metodologias empregadas nesses estudos destacando-se a tentativa de compreender o universo cultural em que se encontra inserida a infância. Além disso, a maioria dos estudos busca entender a trajetória histórica da infância desde o tempo da sociedade escravista, salientando pontos de maior repercussão como a pobreza e a assistência destinada a elas pelo Estado ou pelas instituições de caridade controladas por membros das principais religiões presentes no País.[2, 3]

Uma das questões que têm sido fundamentais aos estudiosos da infância é a de considerá-la de acordo com a sociedade e as culturas que a permeiam deixando claro que a infância é uma criação histórica, uma invenção cultural que muda constantemente a visão que o conjunto da sociedade tem sobre aquilo que se denomina infância. Um bom exemplo disso foi a virada de posição em relação à infância nas últimas décadas no mundo e no Brasil. Após duas Guerras Mundiais e diversos problemas sociais envolvendo crianças, a legislação para protegê-las apareceu em países considerados economicamente mais ricos, chegando em seguida aos outros países, como foi o caso do Brasil, com a implantação do Estatuto da Criança e do Adolescente (ECA) em 1990.

É interessante lembrar que a Declaração Universal dos Direitos da Criança, protagonizada pelas Nações Unidas, surgiu logo após a II Guerra Mundial, disseminando entre

---

[2] Ver as seguintes obras: MARCÍLIO, 1998; FREITAS, 1997; KUHLMANN JR., 1998. Além dessas, são importantes: DEL PRIORE, 1996; 1999.

[3] Vários estudos vêm considerando a infância uma idealização cujas representações podem ser encontradas na literatura, no cinema e em diversas outras fontes. Ver a este respeito LAUWE, 2001.

os países membros um compromisso de criarem legislação própria em consonância a esses princípios. Antes disso, porém, a sociedade, por meio de seus representantes legais e grupos de pressão, havia muito vinha reivindicando essas leis que reconheceriam a infância e a adolescência como portadoras de direitos e de proteção máxima. Embora a realidade da infância não tenha se alterado nos países denominados dependentes/emergentes, as referências sociais e culturais acerca da infância sofreram mundialmente algumas alterações. Infelizmente, porém, no campo das práticas sociais, o fenômeno da violência doméstica contra as crianças e os adolescentes vem marcando presença nos últimos anos apesar de a organização dos Conselhos Tutelares e dos Juizados da Infância e da Juventude serem ampliados para cumprirem as determinações do Estatuto da Criança e do Adolescente (AZEVEDO, 2001; 2006).

Foi recente o destaque que a infância ganhou na mídia brasileira por causa das vítimas da violência sexual e da violência doméstica. O tráfico de crianças e também o tráfico de órgãos ganharam destaque nas páginas dos jornais e nos documentários na mídia televisiva, que apresentaram à sociedade uma face pouco conhecida da realidade da infância ou, dito de outro modo, face conhecida e desprezada pela maioria da população. Via de regra, dá-se mais atenção à pedofilia e à exploração da imagem infantil em *sites* pornográficos da internet do que a própria violência doméstica, que possui estatística comprovada e assustadora, ou ainda, à utilização crescente e absurda da imagem das crianças em comerciais.

Outra modalidade de exploração da infância tem sido a larga utilização da mão de obra das crianças em setores muito específicos da economia, como nos casos da colheita de gêneros agrícolas e na produção de carvão vegetal, além da presença marcante de meninos e meninas nas vias urbanas vendendo produtos nos semáforos e nas calçadas ao lado de bares, restaurantes e feiras. Essa situação parece não ter se alterado significativamente nos últimos anos apesar de se saber dos esforços de ONGs e instituições públicas e da ampliação de matrículas nas escolas públicas das séries iniciais do ensino fundamental e até mesmo do recente programa governamental de assistência por meio de bolsas (escola, família, etc.).

Levando-se em consideração que historicamente a infância brasileira ficou relegada a um segundo plano, como entender a sua presença marcante nos veículos de divulgação da propaganda endereçada a ela própria? Teria mudado a perspectiva da sociedade em relação à infância depois do advento do Estatuto da Criança e do Adolescente (ECA) em 1990, ou seria apenas uma estratégia das agências de publicidade para atingirem seu público-alvo? Neste caso, vem se pensando apenas na infância das camadas privilegiadas da sociedade? Houve sem dúvida um movimento da sociedade organizada para que as normas de proteção à infância e à juventude fossem aprovadas, o que pode ser considerado também como certo despertar da economia, que se voltou para a produção de novos artigos oferecidos às crianças. De concreto, sabe-se que esse segmento de mercado cresceu vertiginosamente nas últimas décadas.

Enquanto isso, existe uma enorme e crescente preocupação dos meios de comunicação e das instituições de caridade com as crianças pobres. Observando-se com atenção o movimento da sociedade em relação aos trabalhos de assistência que se dirigem à infância pobre, o mote da proposta apresentada pelas instituições de caridade, inclusive em campanhas de grande porte, a exemplo do programa da Rede Globo, Criança Esperança, é ainda aquele mesmo do assistencialismo do século XIX, cuja ideia de caridade e salvação permanece porque continua se tratando de uma sociedade predominantemente cristã, associada a novos preceitos, tais como o voluntarismo, a responsabilidade social, o terceiro setor e a cidadania, que se consubstanciam no auxílio aos menos favorecidos.

Todavia, o objeto deste trabalho não é exatamente esse olhar piedoso da sociedade em relação à infância no sentido de protegê-la, mas, ao contrário, o que interessa aqui é o olhar para a infância como potencialmente consumidora e produtora de cultura. Nesse sentido, será necessário tecer previamente comentários que sejam suficientes para organizar um conjunto de explicações que preliminarmente formarão um cenário social e histórico no interior do qual a mídia e seus atributos serão peças-chave para se compreender o desenrolar do fio histórico que marca a presença da criança na sociedade de consumo.

Algumas considerações preliminares

Se por um lado o olhar das crianças sobre o que querem consumir nasce desse encontro entre a peça publicitária que lhe é apresentada e o seu modo de ver o mundo – considerando-a como sujeito que produz a própria interpretação das coisas –, por outro lado não há dúvida de que as tentativas de convencê-las a aceitar um determinado produto se baseiam em informações que são obtidas pelos profissionais da propaganda dentro de um conjunto de saberes que incluem de certo modo o estudo da cultura do consumo à qual estão inseridas essas crianças. No I Congresso Brasileiro de Propaganda, realizado no Rio de Janeiro, em 1957, sob os auspícios da Associação Brasileira de Agências de Propaganda, foi regulamentada entre outras a seguinte decisão: "Análise do mercado real e potencial onde o produto ou serviço encontre melhor possibilidade de aceitação". Portanto, as pesquisas de mercado foram se sofisticando desde então, ampliando sua capacidade de conhecer o contexto social dos consumidores.

Apesar disso, perece que o embate entre aquilo que se presume ser o que a criança quer adquirir, ou seja, o que pensam que ela quer, e o que de fato ela pode querer adquirir acontece sobre uma base escorregadia de informações que costuma derrapar quase sempre para a situação de conflito do que é e não é possível consumir, dependendo até da renda familiar ou do que é possível comprar com a renda dos pais. Contudo, nada disso interessa de fato aos profissionais da publicidade porque não há uma situação ideal no mercado, que na realidade flutua mudando a cada momento, cobrando novos planos dos publicitários. Outras vezes, por princípios morais e religiosos, pode haver uma interdição ao desejo da criança pela família ou daqueles que a educam. De qualquer modo, se é ingênuo imaginar que existe uma afinidade absoluta entre o que se quer oferecer e o que se quer comprar, por outro lado o poder de sedução e as estratégias da propaganda podem criar de alguma maneira um ambiente favorável à eclosão de desejos nos consumidores.

Pensando acerca da infância atual, em qualquer cidade grande, deve-se levar em conta um conjunto de aspectos, tais como: grupos sociais, características culturais, condições socioeconômicas entre outros. Com relação ao aspecto grupo social, é necessário estabelecer critérios que possam colaborar com a identificação das crianças enquanto pertencentes a uma estratificação que vai dos grupos mais privilegiados aos menos privilegiados.

É preciso se pensar basicamente em grandes grupos sociais que são identificados por diversos critérios, incluindo os conceitos de origem sociológica, tais como renda, propriedade ou posse, consumo de bens, profissão e posição no sentido do *status*, gosto cultural, etc. Esses grupos não têm sido considerados exatamente classes sociais na estrita acepção desse conceito, mas são classificados em torno de padrões de renda e consumo que os identificam, na pior das hipóteses, como camadas de alta e de baixa renda, "classes" A, B, C, D, E. Há também que se considerar certa invencionice da mídia que ultimamente vem falando em "nova classe média" ou expansão da "classe C".

Atualmente, segundo as estatísticas das Secretarias de Educação, nas escolas estatais, há uma predominância das crianças das camadas populares, entendidas aqui como um conjunto populacional de baixa renda e que possui certa coesão social, ao contrário das escolas privadas, em que prevalecem os filhos das camadas média e alta, compostas de grupos sociais economicamente privilegiados. Essa demarcação também pode ser notada no que se refere ao consumo que se constitui peculiar de cada grupo social, variando muito e que possui uma espécie de ritual que inclui a mídia de modo também diferenciado. Outro aspecto que deve ser levado em consideração é o modo como a família participa em conjunto desse consumo.[4]

Com relação às camadas populares, por exemplo, os estudos sobre renda e consumo não são muito precisos no mundo acadêmico, ocorrendo equívocos que podem levar a crer que esses grandes contingentes da população subconsomem ou não possuem renda suficiente para consumir certos produtos. Além da carência de estudos específicos de cunho sócio-históricos, há uma tendência a desprezar dados não oficiais, o que exclui uma significativa fonte de informações e dados. Apesar disso, alguns poucos trabalhos vêm desmentindo essas crenças, investigando o que está por trás da economia informal (NEVES, 2005).

---

[4] Veja-se a este respeito o texto de FARIA FILHO, 2006. Segundo esse autor, nos últimos anos, ocorreu uma evasão de alunos da classe média das escolas estatais, as chamadas escolas públicas, que se dirigiram às escolas privadas. Os dados referentes à origem social dos alunos encontram-se nas estatísticas fornecidas pelo INEP no *site* www.inep.gov.br.

É do conhecimento geral que, nos últimos tempos, as famílias de baixa renda começaram a consumir certos produtos que antes eram exclusivos daquelas de renda mais elevada. A TV de 14 polegadas, por exemplo, foi responsável pela febre de consumo dos anos 1980, quando teve seu preço popularizado pela indústria coincidindo justamente com a expansão do crédito de longo prazo ao consumidor. Muitas famílias adquiriram seu aparelho de TV pela primeira vez ou o fizeram para substituir o antigo aparelho em preto e branco das décadas de 60 ou 70, que, em alguns casos, havia sido comprado de segunda mão com muita dificuldade, ou ainda, no caso da classe média, para colocá-lo nos quartos dos filhos e do casal, o que acabou individualizando muito mais os espaços da casa. O mesmo ocorreu em relação aos velhos aparelhos toca-discos, substituídos pelos *micro systems*, que podiam ser alojados em pequenos espaços dos quartos e dispensavam os tradicionais e enormes discos de vinil.

Atualmente, essas inovações tecnológicas prosseguem individualizando ao máximo o consumo. Os produtos são outros, o micro, o *notebook*, o iPod, o MP3 ou MP 4, 5, 6, 7, etc., revelando tempos de globalização e produção de eletro-eletrônicos com apetite e ritmo de produção dos chineses, o que dispensa a necessidade de mais explicações para dizer que o consumo em massa desses produtos existe na própria acepção desse termo e se propaga mundialmente seguindo o ritmo de crescimento das economias asiáticas.

Desse modo, pode-se imaginar que o consumo se orienta pela renda, mas não se submete necessariamente a um patamar elevado da remuneração do trabalho porque a produção em massa introduz na indústria as devidas tecnologias que proporcionam o rebaixamento do seu custo de produção, o que não inviabiliza de modo algum a lucratividade; ao contrário, potencializa o consumo que também se massifica. Em resumo, os salários pagos aos trabalhadores chineses permitem que seu nível de consumo seja suficiente para movimentar uma massa de recursos e de capitais indispensável ao crescimento acelerado de sua economia.

Além disso, o mercado paralelo de produtos famosos que existe hoje em dia em qualquer cidade grande contribui decisivamente para fortalecer a posição da moda e, ao mesmo tempo, vulgarizar o consumo de produtos cópias de marcas famosas que imitam os seus verdadeiros com perfeição de clones, realimentando a economia informal que também gera emprego e renda. Essa situação pode não ser boa para o Fisco e é péssima para a economia formal, entretanto, proporciona aos consumidores de baixa renda a oportunidade de viver a sensação de satisfação dos seus desejos consumindo produtos de marca – mesmo se sabendo falsificados –, que normalmente seriam considerados fora do alcance dos seus rendimentos (Neves, 2005, p. 7).

Dessa forma, seria também interessante se pensar no modo como os profissionais da comunicação e propaganda conseguem lidar nesse mundo do verdadeiro e do falso e do consumo em massa. Para quem estão direcionadas de fato as peças de publicidade? As campanhas publicitárias de determinados produtos são eficientes o bastante para convencerem os consumidores da necessidade de rejeitar os seus clones? As mensagens atingem o público com o mesmo impacto independentemente da condição social? Essas questões comportam diversas maneiras de abordar a eficiência da propaganda ao colocarem em evidência métodos e estratégias que foram utilizados em determinada época sob determinadas condições de criação, etc.

Nesse sentido, a "moda consumada" e o consumo em massa rejeitam qualquer tentativa de limitação por parte da indústria cultural. Não há espaço na mídia que não seja preenchido pela sociedade de consumo de massa. Até quando se leva em consideração aspectos econômicos estruturais, há a necessidade de uma reflexão que passa fora das interpretações tradicionais. As ideias arraigadas sobre o depauperamento da sociedade brasileira, por exemplo, são orientadoras de muitas concepções econômicas que não conseguem ver a existência de mercados paralelos e a presença marcante da economia informal. De acordo com Ricardo Neves, "60% dos trabalhadores brasileiros", bem como "10 milhões de micro e pequenas empresas", o que corresponde a 2/3 do total de empresas do País, encontram-se na informalidade (NEVES, 2005).

Em decorrência desse fator e de outros, essa infância com a qual nos deparamos na sociedade brasileira dos dias atuais é tão multifacetada quanto às culturas atinentes aos costumes através dos quais suas famílias se identificam no meio social, e o fator religião tem assumido lugar de destaque ultimamente. Além disso, há crianças que trabalham e que não trabalham. Isso quer dizer que há enorme diversidade de compreensão do que significa os diversos símbolos que circulam na mídia e no mundo do consumo por conta da maior ou menor presença da criança no mercado informal de trabalho, uma vez que é proibida sua presença no mundo formal de trabalho. Essas que trabalham, na maioria das vezes, reúnem condições de ajudar a família dispondo totalmente do que recebem, sendo autorizadas, às vezes, a usar parte do seu salário na aquisição de alguma coisa para si próprias.

Quanto às crianças que não trabalham, sem considerar as estatísticas – o que parece representar a maioria delas –, a relação com os *mass media* parece ser diferente porque se pode presumir que os pais ou os tutores legais são seus representantes, responsáveis diretos pela compra dos produtos por elas consumidos, incluindo roupas e brinquedos. Existem ainda aquelas de boa condição social e econômica que parecem ser uma exceção, que recebem dos pais ou familiares a mesada ou presentes em dinheiro para comprarem o que desejarem.

Esse universo da relação entre a infância e a mídia, além de diversificado, parece ser complexo o bastante para fazer desanimar aqueles pesquisadores que tentam compreendê-lo de forma superficial sem uma cuidadosa observação empírica, o que sem dúvida demanda pesquisar por longos períodos de tempo.

Por outro lado, nota-se também um equívoco no planejamento da propaganda que trabalha sob a perspectiva de um mercado universalizado sem fronteiras e financeiramente estável. Seria de se supor que o conceito de infância ficasse a reboque de tal perspectiva econômica, generalizando no discurso o sujeito criança-consumidora. Assim, além de todos de uma mesma faixa etária serem identificados como representantes da totalidade das crianças, sem distinção cultural, essa abstração pode induzir a que se creia na universalidade histórica do sujeito, vislumbrando-se que um menino pertencente a uma determinada sociedade, classe ou grupo étnico e cultural queira consumir o mesmo que os outros. Esse projeto de globalização já se demonstrou quimérico pelo menos do ponto de vista cultural.[5]

O que então pode aproximar as crianças para que possam ser consumidoras dos mesmos produtos? Sem dúvida que o fator renda está sempre em pauta; fora isso, talvez elementos de uma determinada cultura de alguma forma consigam universalizar suas características permitindo que se ofereçam produtos que estejam inseridos no plano material e palpável desses sujeitos e que por essa razão possam ser considerados objeto do seu desejo independentemente de sua diversidade social e cultural. Os aspectos lúdicos parecem ter essa capacidade, entretanto, também podem variar muito no seu sentido

---

[5] Sobre este aspecto, ver o texto sobre a boneca Barbie que representa a estratégia do seu fabricante para atingir um público global através do recurso de produzir bonecas étnicas: STEINBERG, 2004.

original de cultura para cultura. A publicidade sabe que encontrar esses elementos não se constituiu tarefa simples, mas tem se esforçado mesmo assim para homogeneizar o consumo numa só palavra: massificá-lo.

Quais são então os elementos-chave para a interpretação do que as crianças em seus diversos grupos de inserção veem e sentem através da mídia? Perguntando de outra forma, quais são as construções elaboradas pelas práticas de consumo dessas crianças que correspondem ao modo como elas encaram a mídia? Que recepção elas elaboram diante do que a mídia lhes oferece? Essas questões evidentemente só podem ser alcançadas se houver material suficiente nas pesquisas que permita inferir o modo como a criança recebe e reelabora as mensagens direcionadas a ela pela mídia. Há, por outro lado, uma cultura proveniente dessa mesma mídia que de algum modo estabelece conexão com as práticas de consumo da sociedade e por extensão das crianças e que apresenta a face programada desse consumo e que se ancora no calendário promocional: Dia das Crianças, Natal, Volta às Aulas, Páscoa, etc.[6]

Há uma série de fatores que perpassam as estratégias de consumo e que precisam ser considerados também. Fatores tais como: religião, situação dos pais (casados, separados, etc.), necessidades de segurança para a família (provavelmente o caso do celular), etc. Talvez, se ponderados esses fatores, fosse possível imaginar que nem sempre o que a publicidade apresenta convence o sujeito, que pode dar maior atenção a outros fatores que imperam sobre a sua necessidade de consumir.

Finalmente existe um fator essencial para se tentar entender o fenômeno da propaganda e por extensão da infância na

---

[6] Esta proposta de investigação vem se desenvolvendo pelo grupo de estudo do Laboratório da Mídia Infantil que faz parte do Programa de Iniciação Científica do Centro Universitário Newton Paiva desde 2005.

mídia trata-se do fenômeno da moda. Acompanhando o longo percurso histórico desse especial atributo do consumo, torna-se mais fácil entender como as sociedades contemporâneas se orientam pelo processo de criação da moda e a importância que ela tem na cultura do consumo. Não se restringindo apenas à moda vestuário, que foi analisada por estudiosos desse objeto, especialmente, Gilles Lipovetsky, tem-se a impressão de que esse fenômeno se transformou numa espécie de bússola do consumo, determinando não apenas a direção do consumidor como ainda lhe impondo certa ditadura que se reflete diretamente sobre a decisão a ser tomada no ato do consumo. É como se nada pudesse ser feito a não ser comprar determinado produto, transformando o consumo numa decisão inexorável. É como se não houvesse outra opção a não ser aquela apresentada pela peça publicitária. Sem aquele produto, parece faltar o ar que se respira. No poema *Eu Etiqueta*, o poeta Carlos Drummond de Andrade consegue passar ao leitor essa sensação de praticamente perda de identidade ao assinalar que o sujeito desaparece cedendo lugar a uma coleção de marcas e de suas logomarcas, que, expostas ao público no seu vestuário, acabam por substituir a própria pessoa.

Assim, a veiculação das estandardizações da moda depende fundamentalmente da mídia, que promove por meio de suas técnicas de comunicação e propaganda a apresentação dos produtos que são *ad nauseam* expostos aos consumidores. Nesse momento em que a moda ganha vida própria, como denomina Gilles Lipovetsky, e se transforma na "moda consumada", não se torna possível determinar onde começa e onde termina a moda, que se constitui pela tripla operação composta pelo efêmero, pela sedução e pela diferenciação marginal. Por outro lado, fortalece-se o trinômio, mídia, publicidade e massa. Esta última reproduz de algum modo o ciclo vital da moda nos seus momentos de lazer, nas músicas e seus *superstars* e nos artistas e *megastars* da TV e do cinema.

Dessa forma, o espetáculo chega à condição de ritual e pressupõe um domínio de tudo que representa o momento quando o efêmero ganha o "universo dos objetos, da cultura". A sedução parece estar presente na reorganização constante dos desejos da massa que se lança embriagada pelas "paixonites" aos novos modelos (LIPOVETSKY, 1989).

Assim, a febre das novidades tomou conta da sociedade europeia desde os estertores do período medieval, instituindo a moda como "distinção social", atrativo e "prazer dos olhos e da diferença", fazendo aparecer o "*homo frivolus*". Inicialmente aristocrática, a moda alcançou as massas durante o século XIX, especialmente por meio da indústria têxtil, que incorporou os maiores avanços tecnológicos na produção de tecidos e roupas com máquinas cada vez mais sofisticadas. Esses novos tempos anunciados pela aristocracia europeia, prematuramente no entardecer da Idade Média, ganhariam praticamente a forma de uma nova religião: a da "moda consumada".

Em que sentido essa ideia da "moda consumada" pode ajudar a compreender a situação da infância na mídia? A resposta se encontra na imersão do todo o tecido social na moda que depende do consumo ou da capacidade de consumo, podendo-se afirmar que nesse sentido a infância de alguma maneira está submetida em última instância aos adultos, cujas decisões podem respeitar ou não o desejo da criança. Contudo, o adulto tanto quanto a criança fazem parte desse universo da "moda consumada", o que os coloca sob a mesma condição de portadores das paixões consumistas sem distinção. Apesar de o fator econômico ser considerado decisivo e mesmo se sabendo que não existe a possibilidade de consumir certos produtos voltados para grupos sociais específicos, que possuem capacidade de consumo diferenciada, pode-se afirmar que, em certo sentido, a avalanche da moda penetra e encobre a todos os grupos sociais indistintamente; ela uniformiza.

Seguindo pistas

Para se tentar encontrar as pistas que levam à compreensão do fenômeno que reúne historicamente mídia e infância, faz-se necessário recuar no tempo a fim de localizar as alterações no tocante à visão social sobre as crianças, o que permitiu que elas passassem a ser consideradas seres com vida e características físicas próprias, e não apenas uma cópia mal acabada dos adultos. Essa visão da infância no mundo antigo se apresenta com clareza nas artes, notando-se, nas representações pictóricas, em especial nas telas dos pintores medievais até a mudança introduzida pelo Renascimento, que as crianças são representadas como pequenos adultos. É curioso verificar uma miniatura de adulto nos braços da Virgem na imagem do Menino-Deus, um verdadeiro homem em escala maior, registrado nos trabalhos de pintores medievais.[7]

Entre os séculos XVII e XVIII, desapareceu gradualmente o mundo que projetava na infância uma espécie de mal necessário, surgindo aos poucos uma nítida separação entre o adulto e a criança. Tal transformação, entretanto, não chegou a ser abrupta e menos ainda global. O novo mundo que nascia das lutas sociais, envolvendo a decadente nobreza e a nascente burguesia, teve longa trajetória, que, para certos autores, duraria até o início do século XX. Os novos costumes se instalaram nas economias industrializadas da Europa, estendendo-se só muito mais tarde ao restante do mundo. Os resquícios da sociedade hierarquizada do Antigo Regime ainda sobreviviam aqui e ali apesar do triunfo do capitalismo. Esses novos costumes instauravam uma era de

---

[7] Veja-se neste aspecto, KUHLMANN JR. (1998), que afirma como tantos outros a necessidade de se pensar a criança como sujeito histórico para que seja possível compreender não somente a história da infância como também o próprio sentido da História.

consumo jamais vista até então, incluindo aquilo que antes era produzido artesanalmente e que passou a ser produzido em massa com os avanços tecnológicos proporcionados pela maquinofatura, incluindo brinquedos, roupas e alimentos industrializados além de vários acessórios infantis.

Historicamente, desde o ideário da Revolução Francesa, em 1789, o olhar sobre a infância se modificou nas sociedades europeias e naquelas que estavam ligadas culturalmente a essas, incluindo as sociedades latino-americanas. Nesse sentido, as crianças passariam o ocupar um novo lugar na família, sendo consideradas dignas de atenção, o que as colocou na condição de sujeitos portadores de uma personalidade própria. Finalmente, os estudos de Psicologia foram responsáveis pela elaboração de teorias científicas que reconheciam a infância como uma fase fundamental da vida humana.

Antes disso, somente após o término do que se denomina atualmente de 1ª. infância, por volta dos 5, 6 anos, a criança era levada em conta até porque sua inserção no mundo adulto se fazia de forma imediata ao término desse período através da possibilidade de dispor de sua força de trabalho, como era costume nas famílias de trabalhadores especialmente camponeses. Assim sendo, o período que conhecemos como adolescência estava longe de ser inventado, o que, segundo estudiosos, se teria consolidado com as teorias da Psicologia e a sociedade urbano-industrial do século XIX. Até ali a infância – fase indefinida da vida porque não se sabia se o indivíduo sobreviveria às doenças infantis, epidemias e outras ameaças – estorvava os pais e parentes necessitando de atenção especial, coisa impraticável que só era vencida quando o indivíduo em geral começava a trabalhar seguindo a profissão de seus pais.

Nunca é demais lembrar que a sociedade do Antigo Regime era composta por ordens, ou seja, era hierarquizada, e cujo processo de desaparecimento começou justamente depois das chamadas Revoluções Burguesas, deflagradas na Europa a partir do século XVIII. Permeados pelo ideário iluminista, os novos regimes instituíram, pela primeira vez na História, a ideia de que a infância era uma fase distinta da vida adulta e que merecia ser cuidada de modo específico, até mesmo ser alfabetizada, o que significava ter estudos que confirmariam sua condição de futura cidadã no mundo novo da sociedade livre e competitiva do liberalismo, que exigia a escolha dos governantes e o conhecimento das leis (ARIÈS, 1981).

Dando um salto para o século XX, após a definição do Dia da Criança, comemorado em 12 de outubro, fato ocorrido durante o 3º. Congresso Americano da Criança, que aconteceu em conjunto com o 1º. Congresso Brasileiro de Proteção à Infância, no Rio de Janeiro, em 1922, ficava evidente que novas políticas públicas seriam adotadas em relação à infância pelo lado das nações do Novo Mundo. Dessa maneira, a América ao Sul do equador incorporava rapidamente as noções de proteção à criança e de saberes científicos desenvolvidos pelas instituições e por estudiosos europeus e norte-americanos. Gradativamente a, infância recebia maior atenção por parte da sociedade e das autoridades que a viam aos poucos com outros olhos, pensando-se no futuro das nações.[8]

Como resultado dessa divulgação científica, ao longo de todo o século XX, a infância desvalida ou pobre, dependendo da denominação empregada pelas instituições de assistência, foi alvo de planejamentos e estratégias das instituições de caridade e do assistencialismo em geral. Várias concepções de asilamento e educação foram postas

---

[8] Ver a este respeito, KUHLMANN JR., 1998. É interessante notar que a data escolhida para se comemorar o Dia da Criança é justamente aquele atribuído à descoberta da América por Cristóvão Colombo, 12 de outubro de 1492. Este Dia das Crianças foi depois confirmado pelo Decreto no. 4.867, de 5 de novembro de 1924. A primeira lei de proteção à infância no Brasil surgiu em 1927, trata-se da Consolidação das Leis de Assistência e Proteção a Menores e Mulheres, Decreto n. 17.943-A, de 12 de outubro de 1927.

em ação, desde aquelas que buscaram uma regeneração do chamado "menor infrator" até aquelas que estavam acreditando nas políticas preventivas visando apoiar as famílias em situação de risco, isto é, aquelas que, pela sua situação financeira, não podiam cuidar devidamente das crianças, o que as pressionava para entregar seus filhos aos orfanatos e casas de caridade (FREITAS, 1997; KUHLMANN JR., 1998; SOUZA, 2004). Nesse caso, batalhões de filantropos e instituições de caridade promoveram campanhas beneficentes para alimentar e agasalhar as famílias pobres.

As instituições que se propunham a cuidar da infância desamparada se multiplicaram rapidamente, desconhecendo qualquer obstáculo de ordem política ou econômica. Antigas e novas casas de caridade se organizaram como puderam e com a ajuda do poder público ou sem ela cumpriram a tarefa de abrigar crianças e jovens. Seguramente, não era para essa infância classificada pelos filantropos de desvalida que as empresas e os publicitários estavam mirando sua propaganda. Seu alvo era outro; elas estavam expandindo seu espaço e conquistando grandes fatias do mercado voltado para a nascente classe média latino-americana, que acompanhava a pujança da economia mundial até a I Guerra.

Essa classe social adquiriu a sua maturidade econômica durante a segunda metade do século XIX vinculada ao crescimento da burocracia e das profissões ligadas ao setor de bens e serviços das metrópoles. Apesar disso, é preciso salientar que as décadas iniciais do século XX foram muito conturbadas pela I Guerra Mundial e, em seguida, pelos sérios problemas econômicos causados pela crise mundial, cuja gravidade assumiu proporções gigantescas com o envolvimento central da economia dos Estados Unidos neste processo de crise geral do capitalismo (HOBSBAWM, 1995).

Depois desse episódio, ocorreu a retomada da economia mundial, que sofreu outro abalo durante a II Guerra

Mundial. Na realidade, o conflito teve papel importante para a economia dos Estados Unidos, que saiu dele fortalecida. Nas décadas seguintes, nos anos 1950 e 1960, o crescimento econômico foi surpreendente com a edição dos "milagres" japonês e alemão, novos parceiros da economia mundial submetida ao dólar. Na América Latina, países como o Brasil começavam a se sentir no auge do ciclo industrial, buscando estabilidade para alcançarem ritmos de crescimento que os levassem ao tão sonhado desenvolvimento. Foi nessa fase de expansão da economia mundial, o período "de ouro", que provavelmente a publicidade e a mídia finalmente se deram conta da importância da infância no mercado consumidor.

Enquanto isso, no campo acadêmico, o avanço dos estudos sobre a criança, especialmente com o advento da História Cultural, passou a considerá-la sujeito capaz de criar cultura, com uma visão própria do mundo, portanto, produtora de cultura. Como aliás alerta Sonia Kramer, essa concepção de uma infância não infantilizada, cuja ruptura paradigmática e conceitual foi apontada inicialmente ainda na primeira metade do século XX por Walter Benjamin, adquire grande importância na construção de um conceito de infância na sociedade contemporânea (KRAMER, 1996; BENJAMIN, 1985).

Esse autor chama a atenção para as mudanças que começavam a ocorrer com a afirmação das ideias do Iluminismo, especialmente no que se refere ao livro infantil. De caráter "edificante e moralista", esses livros eram fruto da pedagogia que os filantropos iluministas queriam por em prática para remodelar a humanidade, defendendo as naturezas piedosas, boas e sociáveis dos seres humanos, tal como argumentava enfaticamente Jean-Jacques Rousssseau em suas obras. Essa variante do catecismo combatido pelo pensamento iluminista pretendia chegar até o público infantil, preparando-o para ser o adulto responsável sob a ótica das leis e dos direitos dos Homens e dos Cidadãos. Desse modo, a valorização da infância servia a propósitos essencialmente políticos, o que não deixava de ser um grande avanço, porque até então não havia nenhuma justificativa para proteger a infância, que continuava entregue à própria sorte.

Dessa forma, já no início do século XIX, os livros infantis foram o produto pensado pelo novo mundo das ideias revolucionárias para entreter e educar as crianças, que, a partir daquele momento histórico, deviam se alfabetizar o quanto antes não apenas para sentirem o prazer da leitura, mas porque deviam ser na sua vida adulta os cidadãos que votavam e participavam da vida pública, como pregava o novo mundo político da razão. Do abandono total à tutela do Estado e à educação para o futuro, a criança, que antes só era notada se sobrevivesse depois dos primeiros anos de vida, ganhava prestígio e proteção.

A preocupação com a educação infantil ganhava força. Além de dicionários ilustrados muito ao gosto dos Homens da Razão, Walter Benjamin registra a publicação do *Livro ilustrado para crianças*, com doze volumes e cem gravuras coloridas, sob a direção de F. J. Bertuch, em Weimar, entre 1792 e 1847. As fábulas, que, de acordo com esse filósofo, exercem grande atração sobre as crianças, também marcaram presença na literatura infantil, indicando um número significativo delas, que está registrado na literatura como no *Livro das fábulas*, cujos textos de A. L. Grimm, ilustrados pelo pintor, músico, poeta e jornalista Johann Peter Lyser, foram lançados em 1827, fazendo grande sucesso.

Ao que parece, e este autor parece confirmar, esse produto enquanto ideia se originava culturalmente nas camadas mais baixas e chegava até aqueles que fossem "cultos", como assinala o título *Livro de contos de fadas para meninos e meninas das classes cultas*. A origem dessas narrativas estava na oralidade das histórias transmitidas geração a geração pelas camadas subalternas da sociedade em sua maioria camponeses, que, desde a Idade Média, narravam aos membros da sua comunidade as histórias e fábulas que possuíam ainda caráter educativo para as crianças, como o caso típico de *Chapeuzinho Vermelho*.[9]

Outro fator que comprova a expansão da produção de artigos dirigida às crianças encontra-se na reestruturação das fábricas de brinquedos na Alemanha, durante o século XIX. Pioneira na produção artesanal de brinquedos, a Alemanha possuía, desde o século XVII,I a primazia de alguns desses artigos. Soldadinhos de chumbo eram a especialidade de Nuremberg, assim como animais da Arca de Noé; enquanto isso, Munique produzia casas de bonecas, e Sonneberg, as bonecas de madeira. Essas e outras informações acerca da produção de brinquedos que estão presentes nos comentários de Walter Benjamin (1985) são complementadas por esse pensador que percebeu uma transformação essencial nos costumes da época, engendrada pelos novos costumes da sociedade industrializada e individualista que surgia na segunda metade do século XIX.

Qual foi a modificação crucial percebida por Benjamin? O brinquedo começou a "emancipar-se": "Quanto mais avança a industrialização, mais ele se esquiva da família, tornando-se cada vez mais estranho não só às crianças, como também aos pais". Essa ruptura com um mundo primitivo, marca do artesanato, que cedia lugar rapidamente ao produto fabricado por pessoas que não estavam ligadas ao ambiente que o inventara, acabou por destruir os laços sentimentais entre a criança e o brinquedo que ela por costume fizera ou cuja fabricação acompanhara mais de perto nas oficinas artesanais da sua comunidade. Nesse sentido, eliminou-se uma outra característica que adquire a brincadeira, ou seja,

---

[9] Sobre este caráter didático e popular das histórias infantis, ver DARTORN, 1986.

a capacidade de imitar o que se quiser, transformando uma vassoura ou um simples pedaço de pau num cavalo, ou seja, no brinquedo, que não passa do resultado de uma trama que nasce na cabeça de quem inventou a brincadeira. Essa criação fruto da imaginação do homem lúdico não se encerra no brinquedo, ao contrário, é a base para torná-lo vivo, é o que lhe dá o verdadeiro sentido. Foi justamente esse sentido que desapareceu, perdendo-se nas pranchetas dos técnicos das grandes indústrias de brinquedos.

Se por um lado, no século XIX, os produtos endereçados à infância começavam a aparecer e a se firmar nos novos mercados, tal como se acabou de ver na literatura infantil e na produção de brinquedos, por outro lado, iniciava-se também o rápido desenvolvimento dos meios de comunicação. Novas tecnologias postas à disposição dos industriais e dos comerciantes de todos os ramos, inclusive na produção da comunicação, deram a arrancada definitiva para a consolidação do capitalismo, aumentando o consumo em escala jamais vista. Os jornais impressos se transformaram no grande veículo de propaganda, sendo responsáveis por verdadeiros prodígios até mesmo o da construção de imagens da identidade política das nações, promovendo até a invenção de certas tradições, como a própria monarquia britânica (CANNADINE, 1984).

Aliás, parece que foram os ingleses que incrementaram e provavelmente criaram as primeiras agências de propaganda. Em 1812, *Reynnel and Son* aparece como primeiro agente de publicidade a atuar na Inglaterra. Nos Estados Unidos, Voney B. Palmer atuaria da mesma forma na Filadélfia, em 1849. De início, a propaganda era rudimentar, só ganhando ares de negócio sofisticado na segunda metade do século XIX em diante, quando as atividades foram se ampliando com a elaboração mais cuidadosa das peças publicitárias, que exigiam desenhistas, redatores e os próprios publicitários. Em 1917, nos Estados Unidos, foi criada a *American Association of*

Advertising Agencies (AAAA) Nessa altura, as agências haviam se aprimorado com o surgimento de diversos departamentos: arte, redação, veiculação, pesquisa de mercado e mala direta – *direct-mail* (NUNES, s.d.).

Cartazes de rua e nas estradas, os *outdoors*, luminosos, entre outros, começavam a fazer parte do cenário das grandes cidades, que estavam sentindo os primeiros efeitos da produção em massa propiciada pela indústria do aço e pelo uso da eletricidade. Esse impacto das mudanças sobre os costumes das pessoas foi registrado de várias maneiras, porém, a invenção do cinema e sua rápida expansão no início do século XX talvez tenham sido aquele que causou maior perplexidade à sociedade urbano-industrial. Essa novidade logo começou a se mostrar eficiente para fazer veicular ideias-imagem com rapidez e capacidade de sedução jamais vistas. Na esfera política o novo invento teve grande serventia, especialmente para os regimes totalitários, que divulgaram de modo intenso a sua propaganda às massas. Somente com a entrada em operação da televisão nos anos de 1950, o cinema perderia paulatinamente sua importância como veículo de propaganda.[10]

No Brasil, os primeiros anúncios apareceram publicados no jornal *A Gazeta*, entre 1807 e 1809, na cidade do Rio de Janeiro. Esses anúncios eram de casas e outros imóveis. Ao longo dos Oitocentos, a imprensa publicou constantemente anúncios de venda e de fuga de escravos, bens que simbolizavam e mantinham os negócios daquela sociedade escravista. Nos primórdios da República, a imprensa escrita foi decisiva tanto no que se referia ao projeto político dos novos detentores do poder político quanto ao veículo de propaganda da nascente indústria e do comércio das cidades, que ampliavam

---

[10] A estupefação que atingiu as pessoas ao assistirem aos primeiros filmes de sua vida está registrada em diversos exemplos indicados na obra de STAM, 2003.

sua população com operários e burocratas, cujos quadros começavam a engrossar, juntamente com profissionais autônomos e outros, a classe média e a massa urbana.

Já o rádio surgiu nos anos 1930 e logo ocupou o lugar de veículo com maior potencial de comunicação e propaganda, apresentando comerciais ao vivo e *jingles* (comerciais musicados), aperfeiçoando-se também os *spots* (comercias que mesclam fala, fundos musicais e certos ruídos). A televisão não tardou a chegar ao Brasil logo depois da II Guerra Mundial. As primeiras emissoras improvisavam os seus primeiros comerciais, que pouco depois ganharam sofisticação com o *videotape*, sendo gravados com essa tecnologia de ponta. Nos anos 1960, o país já era o 6º. colocado no mercado publicitário mundial, ficando atrás dos Estados Unidos, do Canadá, do Japão, da Inglaterra e da Austrália.[11]

A história da propaganda tende a se perder em meio aos avanços das técnicas e metodologias que se multiplicam e surgem constantemente; no entanto, é possível fazer alguns registros dessa história, dando especial atenção àqueles que estavam direcionados à infância. Anúncios de certos produtos farmacêuticos voltados para crianças e jovens, como o que era veiculado em cartazes pela Emulsão de Scott – um estrato

---

[11] Cf. NUNES, s.d., p. 238. As 10 maiores Agências de Publicidade no Brasil no início dos anos 60 eram: 1) J. Walter Thompson, 2) Mc Cann-Erickson, 3) Standard Propaganda, 4) Alcântara Machado, 5) Denison Propaganda, 6) Norton Publicidade, 7) CIN – Cia. Incremento de Negócios, 8) Lintas Publicidade, 9) MPM Propaganda e 10) Inter-Americana de Publicidade. Os jornais que mais faturavam nessa mesma época com anúncios eram: Jornal do Brasil, O Globo, O Estado de São Paulo, Folha da Manhã, Diário de São Paulo, Última Hora, Diário da Noite (SP), Correio da Manhã e Estado de Minas. Em relação a rádio e TV, são apontadas as seguintes emissoras: Rádio Difusora – SP, Rádio Record – SP, Rádio Tupi – RJ, TV Excelsior – SP, Rádio Bandeirantes – SP, Rádio e Televisão Gaúcha S.A. – Porto Alegre, Rádio Guarani – BH, Rádio Televisão Paulista – SP, Rádio Tupi – S P e Rádio Excelsior – SP.

retirado segundo o fabricante do fígado de bacalhau –, cuja imagem de um homem carregando um desses peixes era o terror dos que conheciam seu sabor intragável, acabaram ficando na memória de algumas gerações. Outros anúncios, a exemplo dos de refrigerantes e bombons, também se transformaram com o passar do tempo em algo extremamente comum e vulgar no cotidiano das pessoas.

Alguns produtos, tais como os eletrodomésticos, necessitaram de campanhas publicitárias mais sofisticadas para chegar até o seu público; em geral, as campanhas eram veiculadas nas revistas femininas de maior circulação, mas pouco depois também fizeram parte dos primeiros comerciais da TV, alcançando especialmente as mulheres de classe média, que estavam começando a trabalhar fora de casa, o que exigia a busca de maior praticidade nas tarefas domésticas para facilitar a dupla jornada de trabalho que as obrigava a cuidar também dos filhos e da casa. As roupas prontas masculinas e femininas e também para crianças e jovens ocuparam lugar de destaque na mídia, substituindo o trabalho dos alfaiates e das costureiras, que ainda foram muito solicitados até os anos 1960. A roupa pronta masculina foi pioneira na indústria de confecções desse tipo no País, fazendo surgir empresas de grande porte que as vendiam em suas lojas próprias nas grandes cidades, propiciando a queda dos preços.

Nas datas comemorativas, a publicidade geralmente ganha mais importância. Natal, Dia das Mães, Dia dos Pais, Dia das Crianças, etc. são momentos de maior empenho por parte dos lojistas e da indústria para aumentarem as vendas e os lucros. No caso do Dia das Crianças, explicitamente, e do Natal, além de outros momentos, tais como o da Volta às Aulas e o da Páscoa, as crianças são o centro das atenções da mídia e, por conseguinte, da propaganda; entretanto, a presença da imagem delas nas peças publicitárias alusivas a essas datas parece ser algo muito recente, que teve início de forma sistemática na segunda metade do século passado.

Nesse sentido, o comércio de Belo Horizonte, alvo desta investigação, apresenta algumas peculiaridades em relação a essa presença da infância na mídia. Acompanhando jornais que circularam durante o século XX, pode-se notar que a publicidade direcionada à infância e, mais do que isso, a presença da imagem da criança nas peças publicitárias surgiu gradualmente, só ganhando destaque dos anos 60 em diante. Timidamente, essas peças publicitárias foram inserindo imagens de crianças, salientando-se a propaganda de brinquedos.[12]

Antes de qualquer coisa, torna-se importante frisar que Belo Horizonte se insere tardiamente no tipo de sociedade que possui uma estrutura urbano-industrial valorizadora do consumo de massa, mas nem por isso se pode afirmar que o comércio e a pequena produção industrial ali existente nos seus primórdios são insuficientes para caracterizá-la de outra forma. A isso se deve o fato de ter sido uma cidade planejada e construída no final do século XIX, inaugurada em 1897, e que, por conseguinte, não teve antes disso nenhuma experiência de industrialização e de comércio de grande porte, porém, o crescimento econômico até a metade do século XX atesta a rápida mudança econômica.

Os comerciantes da cidade logo perceberam com clareza o potencial para determinadas datas comemorativas que atuam como picos de venda no calendário do comércio. A produção de bens e serviços direcionados à infância revela o peso desse segmento de mercado no âmbito da economia em escala da sociedade capitalista contemporânea e, nesse sentido, Belo Horizonte não ficou atrás. Desde seu planejamento e construção na

---

[12] Gostaria de agradecer a colaboração de Emiliane Nunes Fontes na coleta dos dados nas fontes jornalísticas realizada para este trabalho. Embora tenha se verificado uma ampla consulta a vários periódicos, a opção de acompanhar rigorosamente aquele que oferecia uma série estável e mais longa recaiu sobre o jornal *Diário de Minas*. Os momentos selecionados foram aqueles que representavam maior demanda dos consumidores, Dia das Crianças, Natal e férias escolares.

última década do século XIX, essa cidade passou a simbolizar a própria modernidade, fazendo parte do que se imaginava de mais avançado em tecnologia e planejamento urbano.

Com um comércio variado que atendia com maior presteza tanto as camadas populares quanto às demandas das suas elites sociais, Belo Horizonte teve desde o seu começo a Rua do Comércio, de caráter popular, sua zona de contato com o mundo exterior: a Praça da Estação e suas adjacências e ainda seu comércio de luxo na Rua da Bahia e na Avenida Afonso Pena. Pela avenida principal, a Afonso Pena, espargiu-se o comércio mais sofisticado e da última moda do estrangeiro com as vitrines à *la Paris*. Nos anos 1960, a Avenida Afonso Pena apresentava ares de grande metrópole, exibindo suas vitrines com artigos que eram consumidos pelas senhoras e pelos cavalheiros da sociedade rica que acompanhavam a moda pelas revistas e pela televisão, mostrando seu enorme potencial publicitário.[13]

Bem antes disso, porém, nota-se, a partir de 1910, uma crescente utilização dos jornais como veículos de publicidade. Há uma quantidade crescente de anúncios farmacêuticos e de artigos de uso pessoal. Acompanhando-se a data comemorativa do Natal e posteriormente a do Dia das Crianças, instituída em 1922, verifica-se que a infância lentamente foi ocupando lugar de destaque na publicidade. Anúncios voltados para o público infantil eram idealizados pelos publicitários da época, explorando o imaginário das crianças, que incluíam invariavelmente figuras altamente representativas do universo simbólico das crianças como Papai Noel.

---

[13] Cf. NUNES, s.d., p. 165. Os maiores anunciantes em Minas Gerais, no ano de 1961, eram: Banco Nacional de Minas Gerais, Banco da Lavoura, Bemoreira, Magazine Guanabara, Mobiliária Inglesa, Casas Levi. Outros anunciantes de âmbito nacional que estavam presentes no Estado de Minas Gerais eram: Real-Aerovias, Lever-Gessy, Cia. Propac, Gillette, Drago, Balas Confiança, Liquigás, Esso, Ford, Willys e produtos farmacêuticos.

O Natal, sem sombra de dúvida, era a data essencial à venda de brinquedos e outros artigos para o público infantil. Os produtos eram anunciados pelas principais lojas do ramo de brinquedos e eram elaborados até os anos 1950 sem maiores recursos de imagem. Notas sem ilustração eram redigidas com frases do tipo:

> Quem não comprou, comprasse!, Hoje 24!!! Grande acontecimento para a alegria da petizada! Este é o mês das expansões e dos sorrisos, o encanto da petizada. Ahi vem o natal, e com ele as carícias do papá, os beijos da mamã, enchendo de júbilo o coração da criança. Para estas, só haverá, porém, uma alegria completa, se as carícias e os beijos trouxerem presentinhos comprados no Parc Royal.[14]

Lojas mais sofisticadas como o Parc Royal, que ficava na Rua da Bahia, também se apresentavam com anúncios simples, sugerindo preços com descontos especiais para brinquedos e presentes úteis. As lojas em geral vendiam produtos diversos, não se restringindo apenas aos brinquedos. A Casa Natal, que ficava na Rua da Bahia, anunciava em 1915 tecidos finos, objetos para presentes e brinquedos, além de artigos esportivos e para viagem.[15] As crianças eram citadas nos anúncios; contudo, a ausência da sua imagem na peça publicitária pode significar situação de completa subalternidade em relação ao mundo adulto, tratando-se ainda de um momento em que a infância estava sob a total guarda e cuidados dos pais e familiares, cabendo-lhes decidir como presenteá-las sem excluir a possibilidade de alguns casos em que as crianças eram ouvidas em última instância de modo muito reservado.

---

[14] Anúncios da Casa Gagliardi, publicados no *Diário de Minas*, de 20 a 24 de dezembro de 1919, e do *Parc Royal*, 17/12/1920 e 19/12/1922.

[15] *Diário de Minas*, 25/12/1915; 17/12/1922; 23/12/1922.

Às vezes as imagens fornecem informações que podem revelar aspectos importantes do cotidiano que indicam costumes e práticas dos grupos sociais. Nesse sentido, há duas fotos da Avenida Afonso Pena, na década de 1920, cuja presença marcante de transeuntes revela uma vida agitada da população naquela região central da cidade. É interessante notar que, entre esses transeuntes, existem muitas crianças, ao que tudo indica quase todas elas acompanhadas pelos pais. Pode-se inferir que essa prática dos adultos de saírem acompanhados pelos filhos ou crianças da família sugere a visualização das peças publicitárias expostas nas próprias lojas pelas crianças. Em outra foto sem data, que se refere a uma antiga loja de bombons e chocolates da cidade, cujo funcionamento se dava em local de grande circulação, ao lado do Bar do Ponto, na Avenida Afonso Pena, vê-se logo à porta um tipo de propaganda em forma de painel, tendo Papai Noel em destaque.[16]

A partir de 1949, começava a ocorrer uma mudança palpável na propaganda dos jornais belo-horizontinos. Nota-se de imediato que o tamanho do anúncio aumentou consideravelmente, ganhando destaque com imagens desenhadas de árvores de Natal, estrelas, velas e a indelével figura de Papai Noel. Lojas tais como Mesbla e Guanabara intensificavam sua campanha de Natal salientando-a com *slogans* de "Maior magazine de Belo Horizonte", "Mil Sugestões", e em alguns casos anunciando até liquidações de todo o estoque de brinquedos. Algumas lojas especializadas em artigos esportivos procuravam chegar até o consumidor infantil. Uma delas usava o *slogan*: "Não Vacile! Compre na Superball o presente do seu filho". Essas casas de equipamentos esportivos

---

[16] As fotos podem ser encontradas em *Belo Horizonte & o Comércio, 100 Anos de História*, 1997, p. 191 e 85, respectivamente.

ofereciam bola de futebol, luvas de boxe, raquetes e patins, que figuravam em destaque nos anúncios.

As bicicletas parecem ter sido a grande paixão das crianças e dos jovens nos anos 1950, e, porque não dizer, ainda continuam sendo muito apreciadas por eles até a atualidade. Além de ser indiscutivelmente um meio de transporte eficiente e prático quanto mais plana for a localidade, pode ser considerada ainda uma espécie de brinquedo que diverte pessoas de todas as idades. As casas comerciais especializadas na venda de bicicletas, como o caso da Casa Itajubá, dedicavam anúncios especiais para a época do Natal, enfatizando a sua área de vendas como uma "Feira de bicicletas e seus pertences". Mas, ao que tudo indica, não era necessário fazer muita esforço publicitário para vender esse produto misto de brinquedo e meio de transporte.

O Dia das Crianças – Semana da Criança – só começa a despontar nos jornais de 1949 e 1950 em diante. Desde que foi instituída em 1922, essa data ficou ausente por longo tempo no calendário promocional do comércio por razões que dificilmente se conseguirá entender. Marcando a mudança, o *Diário de Minas* passou a dedicar espaço de página inteira às crianças a partir de dezembro de 1949, com o título "Página das Crianças", com reportagens e desenhos divertidos. Essas reportagens procuravam ter um cunho educativo e científico, cujos títulos eram: "Um pouco da História do Brasil", A História de Saturno", "O Grave Problema da Criança Brasileira", "Variedades Literárias", etc. Outros títulos lembram histórias infantis: "Perna Fina, Barriga Grande, e Boca Pequena" e "O Sabiá na Gaiola". Em outro anúncio desse periódico, era oferecida a revista dos "heróis mais queridos do pessoalzinho miúdo", *O Lobinho*. O jornal *Estado de Minas* lançava, no dia 2 de dezembro de 1934, o suplemento para crianças, "O Malazarte", que seria substituído em 25 de janeiro de 1948 pelo "Gurilândia", ambos traziam historinhas infantis, brincadeiras e diversões.

Durante a Semana da Criança, não havia inicialmente a necessidade absoluta de presentear, ofereciam-se palestras educativas com temas relativos ao desenvolvimento e à "preservação" da infância brasileira. Com o tempo, a propaganda de brinquedos foi assumindo a frente dos anúncios veiculados na Semana da Criança. Novos tipos de peça publicitária foram introduzidos e, finalmente, a imagem da criança foi inserida na peça publicitária. Numa dessas peças, duas crianças, menino e menina, estão sentados brincando, respectivamente, com um carrinho e um telefone. É interessante frisar que, durante muito tempo, a sociedade demarcou culturalmente de modo sexista que meninos deviam brincar com carrinhos, e meninas, com bonecas. Além desses brinquedos-padrão, a bicicletas, bolas, locomotivas, velocípedes, espingardas, revólveres, patinetes, discos infantis, jogos de *cowboy, jeeps* de metal, ursinhos de pelúcia e outros bichos, balanços, etc. eram oferecidos nos anúncios como produtos que possuíam maior interesse dos consumidores.

Brinquedos nacionais e importados disputavam a preferência dos consumidores. Alguns anúncios chamam a atenção para as bonecas com cabelo e para revólveres automáticos. Talvez, em função da sofisticação dos produtos e outros fatores econômicos, para alcançar a clientela em maior escala, a Mesbla e outras lojas começavam a lançar seu crediário nos anos 1950, oferecendo aprovação sem burocracia.

A Casa Oliveira e Costa, em uma de suas peças publicitárias, descreve o grau de aperfeiçoamento dos brinquedos que deviam ser a sensação do momento: "Bonecas e bebes de perfeição admirável... que choram, dormem, sentam, andam e movem a cabeça!". Outro aspecto que estava merecendo a atenção dos lojistas era a preparação da equipe de balconistas especializada na venda de brinquedos, o que significava maior presteza no atendimento, refletindo uma demanda ascendente do consumo desses produtos. O aumento da área de venda dos brinquedos nas lojas também reflete a expansão desse segmento de mercado nas décadas posteriores ao fim da II Guerra.[17]

Através de um Concurso de Natal realizado pelo *Diário de Minas*, em 1955, verifica-se que brinquedos estavam sendo cobiçados pelas crianças. A premiação estava assim preparada: "1º· lugar para meninas – rica boneca Estrela, anda e fala; 1º. lugar para meninos – magnífico futebol de mesa em madeira colorida". Ilustrados no anúncio do concurso, esses prêmios eram seguidos de outros para os classificados abaixo do 1º. lugar: canetas-tinteiro alemãs, jogo de tambores e bola oficial de futebol número 5.

A publicidade de roupas infantis foi aparecendo aos poucos à medida que a década de 1950 ficava para trás. A Seção Infantil da "Guanabara" preparou um anúncio de página inteira durante a Semana da Criança de 1955, marcando certo pioneirismo com imagens de crianças e jovens com idade entre três e 14 anos, cinco meninas e três meninos, apresentando um quadro numerado que associava a imagem delas às roupas que eles vestiam.[18] Alguns anos mais tarde, a Galeria Futurista colocava um grande anúncio durante a Semana da Criança, com imagens de duas meninas brincando de mãos dadas, um menino com carrinho, e outras duas meninas com bonecas e, neste caso, cada imagem está associada a uma lista de roupas, tais como: saia estampada, pijama, conjunto blusa e short, vestido. Em meio a essas roupas, encontravam-se a boneca filhinha, um carro de corrida e o boneco João Teimoso – brinquedo de plástico inflável com uma base pesada, que, ao ser tocado para trás, voltava à posição ereta.

---

[17] *Diário de Minas*, 18/12/1955, p. 11. Em vários anúncios, os lojistas salientam o aumento da área de venda dos brinquedos, oferecendo maior conforto aos consumidores.
[18] *Diário de Minas*, 09/10/1955.

Novos produtos e marcas surgiam num volume crescente. Nos anos 1960 os anúncios se sofisticaram para atender a essas mudanças. Nesse mesmo ano, a Fábrica de Brinquedos Estrela e a Johnson & Johnson lançaram oficialmente a Semana da Criança. Os brinquedos adquiriam forma cada vez mais fiel dos seus modelos: lambreta, ambulância, ônibus, fogão, boneca filhinha, etc. Antigos brinquedos eram apresentados ao lado de Papai Noel e de Crianças: o jogo de peteca, bonecas "Meu Sonho" e "Amiguinha", jogo de futebol de mesa, velocípede, ursinhos, bicicleta "Caloi". A Galeria Futurista oferecia, na Semana das Crianças, "Coca-Cola grátis". Os anúncios enfatizavam melhores preços e "carnet de compras".

Um recurso que se tornou comum para atrair os consumidores foi a tradicional fotografia ao lado do Papai Noel oferecida gratuitamente. Livros infantis, a exemplo do que ocorria na Europa, desde o século XVIII, eram anunciados e postos à venda nas livrarias e nas bancas de jornal, salientando-se a Coleção Mirim do Livro Dourado com histórias de Lassie, Zorro, Roy Rogers e Tom e Jerry, entre outras. Em 1966, durante a Semana da Criança, nos postos de combustível da marca Shell, oferecia-se a preço especial o livreto colorido de Mary Poppins, história de Walt Disney, e uma réplica do Posto Shell, "um postinho igualzinho ao de verdade", para armar.

Os anos 70 continuaram nesse mesmo diapasão, ficando para as décadas de 1980 e 1990 o *boom* que finalmente revelou toda a pujança da publicidade, inclusive daquela que faz uso da imagem infantil. Coincidindo com o reinado absoluto da programação infantil na TV, com o auge de apresentadoras disputando o lugar de rainhas das crianças, a mídia e todo seu potencial publicitário transformaram esses programas em espaços privilegiados para a venda de produtos infantis. A apresentadora Xuxa Menegel passou a ser o grande ícone das crianças, lançando uma linha de produtos com marca própria, tais como roupas, calçados, cosméticos e perfumaria, invadindo todos os espaços infantis desde a escola até o recôndito do lar. Estava começando a era de ouro da infância na mídia.

Considerações finais

O uso da imagem infantil pela propaganda só apareceu tardiamente e vem crescendo nas últimas décadas na publicidade brasileira. Se a origem dessa presença da infância na mídia é muito recente, surgindo lentamente a partir do século passado com a entrada gradual da criança como elemento relevante no mercado consumidor, e aqui vale reforçar, não apenas nos tradicionais mercados de brinquedos e alimentos, como também no de roupas, móveis, esportes, material escolar, livros, eletroeletrônicos, etc., por outro lado, a velocidade da normalização do uso da imagem infantil é extremamente lenta, o que significa uma situação pouco confortável para os grupos sociais empenhados na defesa dos direitos da infância.

Grande parte das mudanças na visão sobre os direitos da infância pode ser atribuída ao reconhecimento de setores organizados da sociedade que lutaram em prol das crianças submetidas à violência, como no caso de algumas Pastorais da Igreja e entidades ligadas aos direitos humanos. O auge dessa luta mundial parece ter ocorrido em 1979, declarado Ano Internacional da Criança. Essa situação nova de valorização da infância provavelmente começou a se apresentar no Brasil, em 1922, quando aconteceram concomitantemente, no Rio de Janeiro, o 1º. Congresso Brasileiro de Proteção à Infância e o 3º. Congresso Americano da Criança. Nesse encontro, foi criado o Dia da Criança, a ser comemorado em 12 de outubro. Confirmando essa tendência, logo depois da II Guerra Mundial, a Organização das Nações Unidas instituiu os Direitos Universais da Criança, dando a conhecer que a infância estaria a partir de então inserida no mesmo patamar dos Direitos Universais do Homem.

No Brasil, em 1990, o Estatuto da Criança e do Adolescente (ECA) provocava uma nova visão sobre a infância, sobretudo naquela que associava às crianças a ideia de que os "menores" eram perigosos e nada ofereciam de positivo à sociedade. Essa época do "trombadinha" e do "pivete" marcou profundamente a sociedade brasileira, acalorando os debates sobre a necessidade de rever conceitos e procedimentos jurídicos em relação aos chamados "menores infratores e meninos e meninas abandonados". A Chacina da Candelária e o Filme Pixote, de Héctor Babenco, se tornaram símbolos dessa tragédia. As denúncias de maus tratos nas unidades da Fundação Estadual do Bem Estar do Menor (FEBEM), que eram constantes na mídia, aumentavam vertiginosamente, ocorrendo as famosas rebeliões em vários Estados combatidas pela Polícia Militar, que muitas vezes fazia uso abusivo da força para abafá-las.

Hoje, passados 16 anos da edição do Estatuto da Criança e do Adolescente, essa norma já está sendo considerada ultrapassada por certos juristas e estudiosos que criticam a falta de atenção das autoridades para questões que envolvem jovens com a onda de violência que assola o País, embora sua ideia central de proteção à infância seja considerada quase que unanimemente indispensável. Esse estatuto, como tantas outras normas, não foi implantado de maneira uniforme em todo o território nacional como estava previsto, existindo muitos lugares cujo Conselho Tutelar, base de toda a ideia de acompanhar a infância e a juventude, inexiste ou funciona precariamente. O poder público de modo geral realiza muitas ações de planejamento às vezes acompanhado de instituições privadas, ONGs e outras, não acontecendo o mesmo com relação à implantação efetiva da estrutura de acompanhamento prevista no ECA. Seguindo essa tendência, pode-se afirmar que a legislação que regula a publicidade com e para a criança vem seguindo o mesmo ritmo.

Desse modo, curiosamente, a infância foi, há um século e meio atrás, objeto de intervenção do poder público e das instituições de caridade, ao passo que em relação à mídia e especificamente à publicidade, só recentemente se lançou um olhar mais atento a esse grupo social considerado consumidor em potencial. Entretanto, o *boom* envolvendo mídia e infância nas últimas décadas, ao menos no caso brasileiro, ainda não foi capaz de chamar a atenção das autoridades e da sociedade para a necessidade de tratar o universo infantil dentro de parâmetros éticos que viabilizem a necessária defesa e os cuidados exigidos por essa faixa etária. A criança adquiriu o destaque e o direito de ser consumidora, mas, por enquanto, ficou só nisso.

Referências

ARIÈS, Philippe. *História social da criança e da família*. São Paulo: LCT, 1981.

AZEVEDO, Maria Amélia; GUERRA, Viviane Nogueira de Azevedo. *Infância e violência doméstica*. São Paulo: LACRI/USP, 2006. Vários módulos.

AZEVEDO, Maria Amélia; GUERRA, Viviane Nogueira de Azevedo. *Mania de bater: a punição corporal de crianças e adolescentes no Brasil*. São Paulo: Iglu, 2001.

BELO HORIZONTE & o Comércio, 100 Anos de História. Belo Horizonte: Fundação João Pinheiro, 1997.

BENJAMIN, Walter. Livros infantis antigos e esquecidos; História cultural do brinquedo; Brinquedo e brincadeira. Observações sobre uma obra monumental (1928). In: *Obras Escolhidas – Magia e Técnica, Arte e Política*. 4. ed. São Paulo: Brasiliense, 1985. v. 1.

CANNADINE, David. Contexto, execução e significado do ritual: a monarquia britânica e a "invenção da tradição", 1820 a 1977. In: HOBSBAWM, Eric J.; RANGER, Terence. *A invenção das tradições*. Rio de Janeiro: Paz e Terra, 1984.

DARTORN, Robert. *O grande massacre de gatos*. São Paulo: Companhia das Letras, 1986.

DEL PRIORE, Mary (Org.). *A história das crianças no Brasil*. São Paulo: Contexto, 1999.

DEL PRIORE, Mary (Org.). *A história da criança no Brasil*. 4. ed. São Paulo: Contexto, 1996.

DIÁRIO DE MINAS. Belo Horizonte, vários números, 1919 a 1970.

FARIA FILHO, Luciano Mendes de; LOPES, Alberto; FERNANDES, Rogério (Orgs.). *Para a compreensão histórica da infância*. Porto: Campo das Letras, 2006.

FREITAS, Marcos Cezar de (Org.). *História social da infância no Brasil*. São Paulo: Cortez, 1997.

FREITAS, Maria Virginia (Org.). *Juventude e adolescência no Brasil: referências conceituais*. São Paulo: Ação Educativa, 2005.

HOBSBAWM, Eric J. *Era dos extremos: o breve século XX, 1914-1991*. São Paulo: Companhia das Letras, 1995.

KRAMER, Sônia. Pesquisando infância e educação: um encontro com Walter Benjamin. In: KRAMER, Sônia; LEITE, Maria Isabel (Orgs.). *Infância: fios e desafios da pesquisa*. 8. ed. Campinas: Papirus, 1996. p. 13-38.

KRAMER, Sônia; LEITE, Maria Isabel (Orgs.). *Infância: Fios e desafios da pesquisa*. 8. ed. Campinas: Papirus, 1996.

KUHLMANN Jr., Moysés. *Infância e educação infantil, uma abordagem histórica*. Porto Alegre: Ed. Mediação, 1998.

LIPOVETSKY, Gilles. *O império do efêmero: a moda e seu destino nas sociedades modernas*. São Paulo: Companhia das Letras, 1989.

LAUWE, Marie-José Chombart de. *Um outro mundo:* a infância. São Paulo: Perspectiva/Edusp, 2001.

MARCÍLIO, Maria Luiza. *História social da criança abandonada*. São Paulo: Hucitec, 1998.

NEVES, Ricardo. *Pegando no tranco: o Brasil do jeito que você nunca pensou*. Rio de Janeiro: Editora Senac, 2005.

NUNES, Pedro. *35 Anos de Propaganda – subsídios para a História da Propaganda no Brasil.* Apresentação de Aurélio Buarque de Holanda. Rio de Janeiro: Editora Gernasa, s.d.

REVISTA DE HISTÓRIA DA BIBLIOTECA NACIONAL. Dossiê Infância. Rio de Janeiro, ano 1, n. 4, out. 2005.

REVISTA TRANSFORMAÇÃO. Exploração Sexual: Infância Roubada. Recife, ano XVII, maio 2006.

SOUZA, Marco Antônio de. *A economia da caridade: estratégias assistenciais e filantrópicas em Belo Horizonte.* Belo Horizonte: Ed. Newton Paiva, 2004.

STAM, Robert. *Introdução à Teoria do Cinema.* Campinas-SP: Papirus, 2003.

STEINBERG, Shirley. A mimada que tem tudo. In: STEINBERG, Shirley; KINCHELOE, Joe L. (Orgs.). *Cultura Infantil: a construção corporativa da infância.* 2. ed. Rio de Janeiro: Civilização Brasileira, 2004. p. 321-337.

STEINBERG, Shirley R.; KINCHELOE, Joe L. (Orgs.). *Cultura Infantil: a construção corporativa da infância.* 2. ed. Rio de Janeiro: Civilização Brasileira, 2004.

www.inep.gov.br.

O brincar na contemporaneidade
A criança e os jogos eletrônicos

Nádia Laguárdia de Lima

Introdução

Apesar de ser uma prática universal, a atividade do brincar apresenta particularidades e formas próprias em função do contexto histórico e social no qual está inserido. O brincar é expressão da cultura, revela características da cultura na qual se insere, com particularidades na sua expressão e nas suas formas de transmissão. Assim, as brincadeiras de rua, de roda, o passar do anel, o pular a corda, que agrupam um grande número de crianças e envolvem encontros "corpo a corpo" em locais públicos, perdem espaço para os jogos eletrônicos, em ambientes virtuais, marcados por encontros também virtuais.

Crianças e jovens de todo o mundo se encontram no ciberespaço[1] e realizam combates, simulam guerras, agrupam-se,

---

[1] O termo "ciberespaço" foi criado pelo escritor William Gibson e passou a ser usado para se referir ao espaço abstrato construído pelas redes de computadores. O ciberespaço é o novo meio de comunicação que surge da interconexão mundial dos computadores. O termo especifica não apenas a infra-estrutura material da comunicação digital, mas também o universo oceânico de informações que ela abriga, assim como os seres humanos que navegam e alimentam esse universo (LÉVY, 2000, p. 17).

criam estratégias de ação, exercitam iniciativa, rapidez e liderança, valores cada vez mais exigidos na pós-modernidade. Pesquisas no campo da psicologia, sociologia e educação apontam para as consequências positivas desse hábito: melhora da percepção visual e espacial e do raciocínio lógico e estratégico, entre outros.

Por outro lado, crescem estudos que acusam os jogos de estimular a violência ou de isolar e viciar crianças, infiltrando-se nos lares e concentrando-se em estabelecimentos "suspeitos" chamados *lan houses*.[2] Existem nos Estados Unidos clínicas especializadas no atendimento aos "viciados em jogos eletrônicos". Por que crianças e jovens são tão seduzidos pelos jogos virtuais?

A lógica do ciberespaço evidencia o apagamento das fronteiras entre o público e o privado, o local e o global, o próximo e o distante, o visível e o invisível, a interioridade e a exterioridade, o conhecido e o desconhecido, o virtual e o real. Essa pesquisa identificou também a diluição dos limites que separam a infância da adolescência no ciberespaço. Se a infância e a adolescência são conceitos construídos socialmente, eles sofrem alterações nas diversas culturas e nos diferentes períodos da História. Alguns pesquisadores defendem a hipótese de que vivemos o fim da infância. A infância, enquanto fase distinta da adolescência e da fase adulta, está desaparecendo (CIRINO, 2001). Como ideal da cultura, paradigma de tempo feliz, a infância está perdendo sua posição para a adolescência, que, pelo apelo da força e da beleza, está se tornando a fase ideal da vida. O ideal hoje é ser adolescente.[3] As crianças se

---

[2] *Lan houses* são lojas que oferecem diversos computadores, conectados em rede, para jogos em grupos ou consultas à internet. A palavra lan é a sigla em inglês para "local area network" (rede local de computadores).

[3] Um exemplo desse ideal adolescente é a novela mexicana: Rebelde. A trama de Rebelde começou a ser produzida em 2004 pela Televisa, no México. É sucesso em vários países, como Brasil, Colômbia, Venezuela, Porto Rico e parte dos Estados Unidos. Atualmente, é exibida a segunda temporada no México, e no Brasil ainda é exibida a primeira. Rebelde é uma história de adolescentes "rebeldes" que estudam

vestem como adolescentes, conversam como adolescentes, têm comportamento e interesses comuns aos adolescentes e disputam, em posição de igualdade, os prazeres e as "benesses" da indústria do consumo. A internet vem reforçar essa hipótese, não só porque passou a ser utilizada de forma intensa pelas crianças (o computador é hoje um objeto de consumo extremamente valorizado por jovens e crianças), como também porque os espaços virtuais mais utilizados pelos adolescentes o são também pelas crianças. Crianças e jovens se encontram no ciberespaço, jogam, pesquisam, conversam, fazem amigos e escrevem diários na rede (blogs). O ocultamento da idade no espaço virtual facilita essa indiferenciação entre crianças e adultos. Nesse universo virtual, ficção e realidade se confundem, favorecendo uma diluição de todas as fronteiras que organizam e orientam nosso mundo "real". Neste trabalho apresentamos, portanto, uma reflexão sobre o fascínio que o ciberespaço exerce sobre crianças e jovens.

Para tentar explicar o fascínio pelo ciberespaço, realizamos um percurso teórico na psicanálise, entrevistamos jovens e crianças na internet e pessoalmente frequentamos salas de bate-papo virtuais e observamos algumas crianças em *lan houses*. Buscamos identificar crianças e jovens que mantinham uma relação "fascinada" com o ciberespaço. Para este trabalho, fazemos um recorte na nossa pesquisa, buscando tratar especificamente dos jogos eletrônicos, e não do ciberespaço na sua totalidade. Assim, trabalhamos resumidamente dois aspectos: "o fascínio pelo ambiente virtual: uma abordagem psicanalítica", e "os jogos eletrônicos: do fascínio à criação". Na primeira parte, analisamos o fascínio pela imagem eletrônica com base no referencial teórico psicanalítico e de autores que discutem a contemporaneidade. Na segunda parte, fazemos uma reflexão sobre as possibilidades que os

em uma escola elitista. Essa novela faz tanto sucesso entre as crianças que já existem bonecas "Rebelde" e jogos virtuais para crianças com seus temas e personagens.

jogos oferecem às crianças, desde que não fiquem presas ao fascínio das imagens.

O fascínio pelo ambiente virtual

Para tratar desse tema, pesquisamos o termo "fascínio" na teoria psicanalítica. Apesar de o termo não ser um conceito da psicanálise, ele aparece na teoria relacionado ao conceito de imaginário e ao estádio do espelho em Lacan. Ele está presente no processo de subjetivação, situado no tempo lógico quando se dá a conquista de uma imagem corporal pela criança. Lacan descreve o *fascínio* no momento de captação da imagem especular, que ocorre no tempo lógico do estádio do espelho, e coincide com a construção do narcisismo em Freud. Lacan descreve o estádio do espelho como uma identificação, ou seja, a transformação produzida no sujeito quando ele assume uma imagem: "O estádio do espelho é um drama cujo impulso interno precipita-se da insuficiência para a antecipação" (LACAN, 1998, p. 100).

Para Freud, inicialmente o corpo do indivíduo é fragmentado pelas pulsões autoeróticas, ou pulsões parciais, que ainda não se organizaram em torno de um eu. As pulsões autoeróticas convergem para a imagem do corpo tomado pelo objeto: imagem com a qual o sujeito se identifica para constituir seu eu. Essa imagem é o *eu ideal* formado pela imagem do outro, que dará a unidade que constitui o eu, ou seja, a criança se identifica com aquela imagem refletida no espelho (ou imagem do outro), alcançando uma "identidade alienante" que a acompanhará no seu desenvolvimento. Essa unidade ou "armadura", esse "eu", é antes de tudo "um eu corporal" (FREUD, 1914). A percepção visual do corpo constitui a base do imaginário e da identificação especular. A unidade do eu é, portanto, imaginária.

Nesse tempo lógico, que Lacan descreve como o estádio do espelho, o sujeito encontra-se *fascinado*, alienado à marca do espelho. Essa experiência encontra-se, portanto, na vertente imaginária, onde o eu se forma por identificação com uma imagem. O estádio do espelho é considerado um "*insight* configurador", termo inglês que significa tomada de consciência, esclarecimento. O *insight* confere o caráter narcísico ao conhecimento do eu, mas que na verdade é um desconhecimento, porque foi constituído valendo-se da projeção da imagem de si no mundo. O sujeito está sempre em busca de uma completude repetidamente perdida, capturada incansavelmente em miragens que refletem uma imagem, ao mesmo tempo familiar e estranha, conhecida e desconhecida.

A imagem, por definição, não envolve falta. Ela é sempre completa. *O fascínio* pela imagem se dá exatamente pelo que ela encobre, ou seja, pelo que está por trás dessa forma tão completa e cativante. O ciberespaço, virtual por excelência, sugere essa forma plena e cativante, portanto, fascinante, podendo ficar o espectador preso em seu gozo[4] inefável.

Um dos desdobramentos que o termo fascínio apresenta na vertente amor-paixão é a sua relação com a servidão: "A paixão, no sentido do *pathos*, é mais subitamente sofrida que deliberadamente atuada" (SALVAIN, 1996, p. 389). É por não se possuir a si mesmo que um sujeito pode ser capturado por uma paixão que, se transborda os limites do eu, ou o leva à expansão narcísica ou o ameaça de dissolução. De qualquer forma, o sujeito atravessa um momento de *fascinação* em que é seduzido e em que o destino parece lhe acenar. A *fascinação* o faz padecer em seu corpo quando está submetido a um outro que o aliena. O objeto fascinante é aquele que, de alguma forma, acena com a possibilidade de preencher a falta subjetiva.

---

[4] O gozo é um conceito complexo elaborado por Lacan, que aponta para o que permanece aquém das palavras, aquém do recalcamento, que é "estranho ao eu", embora permaneça no centro dele. É o que o sujeito procura além dos objetos de sua cobiça nas suas condutas repetitivas, e que podem incluir o sofrimento ou a morte. Esse gozo é de uma outra ordem de satisfação, "além do princípio de prazer" e enquanto libido fixada, está ligado à pulsão de morte.

O processo de constituição do sujeito envolve a concepção de um tempo lógico – fase do espelho – no qual o sujeito vai se formando na miragem da autonomia do eu, tempo esse em que o sujeito se encontra fascinado, alienado à marca do espelho, e que marcará a prevalência de uma identidade alienante ao longo de sua vida, como uma incidência duradoura, uma marca atuante da submissão ao fascínio. Esse é o poder do imaginário.

O sujeito, diante da sensação de fragmentação reforçada pela contemporaneidade, pode buscar no ciberespaço alcançar essa unidade do eu, tendo o ciberespaço como extensão do eu, alcançando uma identidade alienante. Diante da precariedade de significação social da cultura contemporânea, o sujeito tenta encontrar novas formas de estabelecer laço social, buscando alguma amarra coletiva. A mídia oferece, diante dessa carência simbólica, uma promessa de sentido social, como uma ilusão comunitária. O sujeito fica submetido a esses ideais narcísicos impostos pela cultura. Na verdade, o poder da mídia existe porque o sujeito atribui a ela esse poder, em função de sua carência simbólica, ou seja, diante de sua precária consistência subjetiva. Por outro lado, sua onipotência estrutural narcísica é exacerbada nessa cultura, que o mantém numa eterna ilusão de alcançar sua plenitude de satisfação, buscando tamponar sua falta constitutiva. O sujeito, portanto, é afetado na sua posição subjetiva pelas práticas de sua cultura e do seu tempo, que vão aparecer nos diversos sintomas sociais.

A interação intensa com a internet pode ser avaliada dessa forma, quando o sujeito a vê como algo que pode viabilizar o acesso a um mundo de possibilidades, no "aqui e agora", sem adiamento de satisfação, envolvendo-o quase como uma extensão de si mesmo, numa comunhão, como uma extensão do "eu" alicerçada sobre a evitação do seu desamparo estrutural. A imagem eletrônica, como uma droga, pode servir como refúgio, na tentativa de escapar da dor de existir. Ela pode capturar o sujeito, fascinado pelos ideais que apresenta. Ela tem uma relação direta com o imediatismo, a fragmentação, a agilidade e a instantaneidade, características da contemporaneidade. Por outro lado, para a psicanálise, essa procura pelo excesso revela a busca permanente de completar a "falta-a-ser". Ou seja, os aspectos estruturais se aliam aos aspectos culturais, delineando novas formas de ser e de estar nessa cultura.

O individualismo é alimentado pela ilusão da autonomia total, reafirmado pela mídia, dando forma ao narcisismo contemporâneo. Diante da fragilidade do eu e das relações humanas, a marca fundante e estruturante do espelho e seus efeitos identificatórios levam o sujeito a buscar numa estrutura de ficção, uma amarra ou sustentação, mesmo que imaginária:

> Na Internet eu posso tudo: eu faço amigos, eu me comunico com o mundo todo, eu compro, eu pesquiso, eu namoro, eu não me sinto sozinha, é mesmo uma companhia, eu chego em casa e entro na internet e pronto! Acabou a solidão, os problemas. (Maria, 20 anos, 18/6/2002, depoimento por e-mail)

> Eu gosto de computador porque tem joguinhos, MSN... Gosto mais de ficar na Internet do que de brincar com outras coisas. (Mateus, 9 anos, depoimento por meio de entrevista realizada pessoalmente)

A imagem eletrônica fascina e cativa. Os recursos tecnológicos constroem cenas, criam perspectivas, ocultam e geram, autenticam e substituem a realidade. Podemos pensar nas formas de controle e manipulação envolvidas nesses processos. Além disso, essa "recriação" da realidade pode se tornar mais interessante que a experiência real, sendo substituída por ela. As imagens em movimento fascinam por gerarem uma sensação de controle da realidade, do tempo e do espaço, ampliando a crença numa onipotência. Essa experiência favorece uma sensação de prazer que pode levar a um estado de contemplação virtual, substituindo a experiência real, mais frustrante e menos gratificante:

> É igual televisão [computador]. Se minha mãe não manda parar eu vou ficando... (Gil, 14 anos, 16/9/2003, depoimento através de entrevista realizada pessoalmente)
>
> Antes eu passava a noite na frente do computador. Agora eu parei com isso... (Paulo, 19 anos, 24/08/2002, depoimento por e-mail)
>
> A internet é tudo na minha vida! (Carina, 20 anos, 23/4/2003, depoimento em sala de chat)
>
> Sinceramente, não vivo sem ela. Quando estou sem pc, fico mal... (Lívia,18 anos, 23/4/2003, depoimento em sala de chat)
>
> O que ela não tem? Tem tudo! (Lívia,18 anos, 23/04/2003, depoimento em sala de chat)
>
> Na internet eu posso fazer tudo.... (Carolina, 20 anos, 24/6/2002, depoimento por e-mail)
>
> Minha mãe só deixa eu ficar duas horas por dia no computador porque senão eu não faço mais nada. Eu gosto tanto de computador que nem quero saber de fazer mais nada. (Leandro, 9 anos, depoimento através de entrevista realizada pessoalmente)

Nas descrições apaixonadas, vemos um certo "culto à internet", uma "idealização", como um objeto "completo", "total", sem "falhas", que oferece a possibilidade de completar o sujeito. Alcançar a vitória nos jogos eletrônicos dá à criança a ilusão de uma superação sobre a sua inconsistência, e ela se sente vitoriosa na vida. Ter milhares de amigos no ciberespaço a mantém na ilusão da superação de sua solidão. Seduzido pela onipotência imaginária do eu, o sujeito se distancia da condição de interrogar-se sobre as condições de seu desejo, mantendo-se na ilusão do domínio de seu corpo e do mundo como sua extensão. Esse domínio encobre, no entanto, sua inconsistência, sua alienação ao objeto cativante.

A imersão no mundo das imagens, portanto, nem sempre é inofensiva. A guerra no Iraque em 2003 nos proporcionou uma impressionante e chocante "imersão" nos campos de batalha, de forma até então desconhecida. Passamos, a partir de então, a ter contato com as diversas possibilidades de manipulação através do uso dessas imagens. O Iraque oferecia ao mundo cenas de americanos aprisionados, enquanto suscitava em sua população uma maior revolta contra os invasores, mostrando na TV cenas terríveis de destruição das cidades e de mortes de civis, entre eles crianças. Ao contrário, a propaganda americana vendia ao povo a necessidade do ataque ao Iraque como forma de defesa dos EUA, e a ideia de uma guerra fácil e rápida. As imagens privilegiadas pela imprensa americana eram as dos soldados americanos vencendo os combates, conquistando as cidades ou ajudando a população iraquiana.

Essa guerra cirúrgica, altamente tecnológica, com cobertura ao vivo pela televisão para bilhões de pessoas, que assistiam a ela como a um espetáculo, deu às guerras um aspecto de videogame, em que o teatro de operações é monitorado por meios eletrônicos. Ou seja, todo esse sofisticado aparato bélico prometia uma "precisão" quase infalível. A liderança tecnológica alcançada pelos EUA alimentou um imaginário de "guerra fácil", "rápida", "precisa", "praticamente sem perdas para os americanos".

Podemos pensar que os jovens soldados americanos envolvidos nesse imaginário acreditaram estar diante de um jogo de videogame, em que não tinham que enfrentar a dor da perda real. Mas a tecnologia falha: os mísseis e as bombas "inteligentes" erram, atingindo civis, soldados americanos morrem, os imprevistos são constantes, como o contra-ataque iraquiano e a fúria das tempestades de areia. O "ataque de decapitação" que pretendia matar Saddam, através do lançamento de mísseis em pontos estratégicos de Bagdá, falhou. Os soldados americanos "se descontrolavam" e atingiam os próprios colegas. O "teatro de guerra" encenou a trágica realidade da guerra.

Numa outra reportagem sobre a mesma guerra, Jahn relata que a violência das imagens exibidas pelas emissoras de

TV sobre a guerra fez com que os fuzileiros navais a bordo do porta-aviões Theodore Roosevelt evitassem as imagens. Segundo a opinião da psicóloga da tripulação, Kirsten Betak,

> Os veículos de comunicação deveriam ser mais seletivos no momento de editar as imagens. [...] Algumas das coisas que eles mostram têm grande impacto emocional... Alguns militares eram muito ingênuos no início. Eles nunca haviam visto uma guerra de verdade. Tudo o que sabiam aprenderam em filmes que glorificavam a guerra. Agora estão abalados porque estão sofrendo baixas e assistem a tudo isso ao vivo, pela televisão. (*Estado de Minas*, Especial, quarta-feira, 26 mar. 2003)

Assim, as imagens tanto podem torná-los ingênuos, glorificando a guerra, como podem chocá-los, exibindo a face cruel da guerra. Esses jovens soldados americanos que foram para a guerra nasceram nessa cultura virtual, conhecendo o mundo através das máquinas. Aprenderam a viver na realidade virtual, destruindo inimigos virtuais e vencendo obstáculos virtuais. Quando eram virtualmente destruídos ou abatidos, podiam rapidamente se reerguer, já que o mundo virtual lhes garante a integridade e a sobrevivência. Essa educação virtual não lhes ofereceu proteção contra as vicissitudes da condição humana. A virtualidade não lhes educou na lógica da falta, da incompletude, deixando-os, portanto, despreparados para as frustrações, incapacitados para lidar com os obstáculos reais, paralisados diante do confronto com aquilo que expõe o seu desamparo estrutural.

Os jogos eletrônicos: do fascínio à criação

Se levarmos em consideração que essa interação virtual tanto é efeito de uma cultura como interfere nessa cultura e nos sujeitos nela inseridos, torna-se necessário não esquecer seus efeitos subjetivos.

Almeida (2001), analisando as imagens no cinema, observa que o entendimento das imagens ocorre não naquilo que se vê, mas nos intervalos entre uma cena e outra. A liberdade para criar sentidos aparece nesse "silêncio visual". Quanto mais rápida a montagem das cenas visuais, maior o controle sobre o espectador. Sem o intervalo entre as cenas, o público perde o espaço para a livre imaginação, o que favorece o controle daquele que manipula as imagens. O autor destaca que a inteligência dos jovens criados nessa cultura oral se forma/informa não mais interpessoal ou intergrupalmente, mas audiovisualmente com os produtos de difusão da indústria cultural: "A nova oralidade implica uma inteligência reflexa, especular, mecânica; o que se vê e se ouve é o que é, uma verdade, mesmo que seja substituída por outra em seguida..." (ALMEIDA, 2001, p. 45).

Se, de acordo com a psicanálise, sempre se lida com a realidade virtual, ou seja, jamais se está na "realidade real", a realidade é sempre uma construção imaginária (já que cada sujeito percebe e interpreta a realidade segundo a sua subjetividade, as suas fantasias); então, qual seria a especificidade da realidade virtual apresentada pela máquina? Miller e Laurent (1998) revelam que a realidade virtual apresentada pela máquina introduz a desmaterialização do corpo humano. Ou seja, faz o sujeito acreditar que se encontra diante de outra ordem de realidade, que dispensaria o corpo real. Uma nova ordem em que os sujeitos não envelhecem, não morrem, e os objetos não estragam e não se perdem. Uma ordem em que é possível prescindir do corpo real e ficar na semiosfera proposta pelo ciberespaço. A criança ou o jovem podem preferir o ciberespaço ao registro do real, afastando-se dele e se isolando nesse mundo imaginário onde tudo é possível. A imagem vai dissolvendo a linha divisória entre o sujeito e o objeto, espacializando-os em um contorno único, a partir da forma que se mostra em fluxo contínuo. Essa expansão do campo imaginário, portanto, pode levar a uma alienação ao ciberespaço. A expansão da virtualidade pode promover a expansão do registro imaginário da subjetividade, colocando em cena sua dupla vertente: estruturante e alienante; apaixonante e mortífera. Quanto mais o sujeito se sente "aprisionado" ou "submetido" a um outro que o aliena (que pode ser a imagem eletrônica), mais ele pode recorrer à agressividade como tentativa de rompimento dessa alienação. A falta de referências externas organizadoras que funcionam como leis que barram o gozo, rompendo a alienação e permitindo o convívio social, pode levar a um estado de desordem e caos, em que a agressividade é intensificada, como forma de se fazer a lei e como apelo à lei:

> O que eu não entendo é como tem gente que usa a Internet só pra zoar e tem gente doida que parece meio viciado. Outro dia eu tava numa sala de bate-papo e começou uma briga sobre religião, o negócio ficou pesado, teve muita ofensa, palavrão, tem gente maluca que fica o dia todo na Internet e parece que pira. Já vi muito isso. Gente que fica o dia todo conectado e não faz mais nada na vida, aí fica meio maluco. (Raul, 20 anos, 2/5/2003, depoimento por e-mail)

A agressividade humana deve ser reprimida, de acordo com Freud, para que possamos viver em sociedade. Se a agressividade é parte integrante da subjetividade, ela é exacerbada em alguns contextos culturais, podendo se transformar num sintoma contemporâneo. A pós-modernidade, com sua expansão da imagem e com sua multiplicidade de referências, tem aumentado a angústia do homem, que se sente inseguro de sua posição e de sua identidade. Por outro lado, a globalização tem aumentado as desigualdades sociais, promovendo maior empobrecimento dos países em desenvolvimento, o que agrava a miséria e a violência nas grandes cidades e no mundo. Ao mesmo tempo, o individualismo, a busca pelo prazer imediato e o narcisismo contemporâneos reforçam a agressividade humana. Se não existem ideais alteritários que organizem e fomentem o projeto de uma organização social, os sujeitos ficam entregues ao seu gozo solitário, presos a ideais particularistas, autocentrados.

A pobreza simbólica, a intolerância para com a diferença do outro e a impossibilidade de desejar levam inevitavelmente à violência, que visa à anulação da diferença, à destruição do outro, para usufruir do seu gozo. A expansão do imaginário na sociedade pós-moderna tem como um dos efeitos subjetivos o aumento da agressividade como a vertente destrutiva do registro imaginário. Centrado em seu eu, no registro psíquico da onipotência narcísica, o sujeito se distancia da experiência da intersubjetividade, da reciprocidade e da alteridade.

Essa vertente agressiva, destruidora, pode ser identificada nos jogos de simulação e nas expressões agressivas, comuns nas interações virtuais. Uma situação de observação de crianças traz alguns dados interessantes acerca dessa agressividade nas interações virtuais. Fazendo uma observação de crianças jogando numa *lan house* onde existem 20 computadores ligados em rede, alguns fatos nos chamaram a atenção. Cada pessoa, com um fone de ouvido, joga em um computador, mas todos participam do mesmo jogo. O jogo mais procurado é o *Counter Strike*, um jogo de confronto entre policiais e terroristas. As pessoas escolhem de que lado ficam. Além de escolher entre ser policial ou terrorista, os jogadores escolhem comprar armas de última geração e traçar estratégias para aniquilar o inimigo. São vários mapas com diferentes cenários que vão de uma cidade asteca a um galpão em Nova York, por onde circulam personagens que falam e gemem quando levam tiros. Também é possível trocar mensagens instantâneas durante o jogo. Eles andam por cenários diferentes, procurando os adversários, para matá-los. Busca-se matar todos os adversários ou fazer uma missão em cada fase, que pode ser a de explodir uma bomba, desarmar a bomba, resgatar reféns ou protegê-los. O jogador ganha "dinheiro" (virtual) por cada pessoa que mata, ou seja, quanto mais pessoas matar, mais se ganha dinheiro. Não vale ficar "telando" (olhando a tela do vizinho para localizá-lo) ou dar uma de "camper" (ficar de espreita para matar o adversário pelas costas). Os que armam tocaias são os mais odiados. Novato é "newbie", "cheater" é trapaceiro – porque usa comandos ou programas proibidos durante o jogo – e ser morto a facadas é sinônimo de humilhação.

O interessante do jogo, além do exercício da concentração e da agilidade de pensamento, criatividade no uso de estratégias e desenvolvimento da coordenação viso-motora, é o trabalho em equipe para vencê-lo. Todos os outros jogos envolvem igualmente atenção, agilidade, uso de estratégias e trabalho em equipe. Mas esse jogo envolve guerras, confrontos, mortes e dinheiro. Não é por acaso que ele vem sendo o mais procurado. Destaque para os apelidos que eles escolhem para participar: *Carrasco, Matador, Serial Killer, Terrorist*, entre outros. Por outro lado, chama a atenção, para quem está "de fora", os gritos que dão, as agressões verbais, as gírias e os palavrões que utilizam, todos falando e gritando ao mesmo tempo, cena que mais parece uma "catarse coletiva": "Aí, veio, para de roubar", "Vô te dá facada adoidado", "Matei dois: dei tiro num e facada no outro", "Pô, cara, matei de faca", "Arregacei", "Morri de vacilo", "Presta atenção, cara, mata ele", "Vô te dá um olé", "Pô, cara, dei três tiros e o cara não morreu", "Ei, Matador, para de roubar", "Pô, cara, ce é viciado, hein? Arregaça tudo","Imbecil", "Para de avacalhar", "Cê caga demais, veio", "Vô acabar com você", "Matei de rifle". Às vezes, quando ganham, comemoram gritando. Cada vez que um morre, aparece na tela o personagem caindo, e o sangue escorrendo. Existem alguns momentos de silêncio geral, seguidos de gritos, palavrões e risos, quando comemoram uma morte. O comportamento geral durante o jogo é de concentração, agilidade, impaciência e euforia. Em algumas situações, observa-se o sentimento de solidariedade: "Fica atrás de mim, te dô cobertura".

Mas, terminado o jogo, as crianças "retornam" do ciberespaço, tendo claramente distintos os limites virtual/real. As agressões verbais não continuam, eles brincam e comentam as situações do jogo, tendo clareza do fato de se tratar de uma situação de jogo. Se eram adversários no jogo, os conflitos não continuam "na realidade". Essa distinção ficção/realidade é importante para que se possa afirmar que o jogo não é em si mesmo perigoso. Mas a preferência atual por jogos agressivos revela a relação entre a subjetividade e o contexto social, que não pode ser desprezada.

Não é o jogo que gera a violência, mas o tipo de jogo escolhido revela algo do sujeito, que se constrói e se insere numa cultura. Nesse sentido, podemos pensar que o crescente sucesso dos jogos eletrônicos violentos é resultado desse contexto social, que vai ao encontro da agressividade estrutural subjetiva. Esses jogos podem ser vistos como uma possibilidade de escoamento dessa pulsão agressiva, de maneira socialmente aceita, ou seja, de forma lúdica, sem que traga prejuízos ou ofereça riscos a outras pessoas. Não se pode matar "na realidade", mas se pode matar na fantasia, no brincar ou simbolicamente. Mas deve-se questionar até que ponto um contato intenso com esses jogos, ou, "uma imersão" prolongada nessa "guerra virtual", pode favorecer um estado de confusão virtual/real, levando o jovem a estender essa violência do mundo virtual para a realidade. Se os jogos não são destrutivos por si mesmos, o seu uso deve ser, entretanto, acompanhado, observado. Uma criança ou um jovem imerso por um tempo prolongado na realidade virtual, nos jogos virtuais, afastado de outras possibilidades de lazer, de socialização e de construção de conhecimento, acaba por permanecer preso numa satisfação alucinatória, onipotente, regida pela lei do gozo, da plenitude.

A virtualidade expande o campo do imaginário, mas pode ser transicional. Ela pode ser campo para o brincar, para as experimentações lúdicas, para a criação e para as fantasias. Enquanto campo de "ficção", o ciberespaço pode ser o espaço da "reescritura de nossa história". Umberto Eco, em *Seis passeios pelos bosques da ficção* (1999), coloca em discussão a diferença entre a narrativa natural e a artificial, o mundo real e o imaginário, o ficcional e a realidade, desmontando essas linhas divisórias que os separam. E acrescenta que a ficção nos fascina tanto por nos proporcionar a oportunidade de utilizar infinitamente nossas faculdades para perceber o mundo e reconstituir o passado. Assim como o brincar infantil, os adultos, por meio da ficção, exercitam suas capacidades de estruturar a experiência passada e presente. Mediante a ficção, procura-se dar sentido à própria existência. Nessa perspectiva, as experiências ficcionais no ciberespaço podem ser bastante ricas.

O ciberespaço pode tornar as crianças e os jovens produtores, realizadores e personagens das próprias ficções, ajudando-os a ser autores de si próprios. Nos jogos virtuais, as crianças podem escolher cenários, produzi-los, criar sons, fotografias, gráficos, discutir estratégias de ação, tendo o prazer de conduzir-se "como se", tornando-se produtores dos próprios produtos culturais, em vez de ser apenas consumidores passivos da cultura global.

Se os jogos violentos representam a preferência das crianças e dos jovens na atualidade, existem, no entanto, outros jogos bastante interessantes, também muito solicitados pelas crianças, que podem ser considerados fontes valiosas do ponto de vista da aprendizagem, como o "Age of Mythology" e o "The Sims", que exploram fatos históricos e espaços geográficos, possibilitando à criança "penetrar" nas diversas culturas e exercer diferentes papéis:

> A gente aprende muito de História com jogos que contam histórias de civilizações. (Pedro, 14 anos, entrevista feita pessoalmente)

Um novo jogo, lançado em 2007 em português, que vem sendo um sucesso entre as crianças e os adolescentes (tem 600 mil usuários somente no Brasil e ultrapassou a marca de 2 milhões de usuários cadastrados),[5] é o "Second Life" (SL), um ambiente virtual em que representações visuais de usuários ou "habitantes" podem interagir. Criado por uma empresa de São Francisco (EUA) chamada Linden Labs, Second Life é um mundo dentro do computador onde os usuários são representados por bonecos em três dimensões (avatares), como personagens de jogos. Em um ambiente parecido com o real, com casas, estradas, lojas, etc., os chamados "residentes" namoram, dançam, vendem, compram, conversam e trabalham (um modelo de vida tipicamente norte-americano, sem dúvida). Esse jogo é considerado um tipo de diversão e um ponto de encontro para eventos culturais. O SL já sediou uma série de eventos culturais no mundo inteiro.

O homem sempre buscou, por meio das fantasias, a realização de seus desejos. A tecnologia apenas introduz novos recursos para a exploração e criação de fantasias, permitindo a realização de desejos, muitas vezes inalcançáveis "na realidade". Através das novas modalidades de brincar, introduzidas pelos recursos tecnológicos, a criança busca "transformar a realidade penosa" e satisfazer seus desejos, assim como o faz em qualquer outra forma de brincar. O fundamental, portanto, não é ser contra ou a favor dos jogos eletrônicos, mas reconhecer as mudanças que a cultura virtual tem promovido na vida social e cultural, as diferentes possibilidades de uso dos jogos eletrônicos e do ciberespaço, seus efeitos e irreversibilidades, para que a "experiência virtual" seja apenas uma das possibilidades do exercício da ficção e do brincar, e,

---

[5] Disponível em: <http://g1.globo.com/Noticias/PopArte/0,,AA1388417-7084,00.html>. Acesso em: 15 dez. 2006.

fundamentalmente, que a "Second Life" não se transforme na "First Life" de crianças e jovens.

O brincar é uma atividade simbólica, que permite à criança se lançar na cultura e se apropriar dos significantes que a marcaram, construindo significações para a sua existência. Segundo Henriot, citado por Roza (1997, p. 83): "A existência do lúdico no universo humano é resultante da profunda inquietude de um ser incapaz, por sua natureza, de encontrar a satisfação plena e coincidir consigo mesmo". Freud (1920) destaca o brincar enquanto uma correção imaginária da realidade e como uma possibilidade de realização de desejos. Mas Freud destaca que o brincar vai além da busca pelo prazer. Por intermédio do brincar, a criança articula passado, presente e futuro. O brincar é uma atividade criativa, que permite, à partir da falta, uma nova construção via simbólico. Podemos pensar que, ao brincar com os jogos eletrônicos, a criança vivencia a duplicidade real/irreal que corresponde às características de lei e invenção presentes no lúdico, como destaca Roza (1997). Os jogos eletrônicos, como qualquer jogo, têm, portanto, importante função simbólica.

O ciberespaço pode ser utilizado de diferentes formas e para diferentes propósitos, servindo tanto para exacerbar o individualismo e a onipotência humanas quanto para estender e facilitar as trocas sociais. Pode-se dizer que o sujeito tem supremacia sobre a tecnologia da imagem, utilizando-a e não sendo utilizado por ela. Mas não se pode desconsiderar que ela interfere na subjetividade, principalmente daqueles que buscam nela um apoio subjetivo. As imagens tecnológicas não são neutras. Elas seduzem, fascinam. Se a criança ou o jovem se coloca numa posição de submissão ao objeto "virtual", não conseguindo se "desplugar", estamos diante de uma situação de dependência ao ciberespaço. Os pais precisam estar atentos ao uso que os filhos fazem dos jogos e da internet. Acompanhando o tempo que eles se dedicam e o que buscam no ciberespaço, além dos tipos de jogo que escolhem.

Se o tempo da espera é necessário para a reflexão, nesse intenso, acelerado e contínuo fluxo de imagens que os jogos virtuais oferecem, deve-se abrir espaço para a dúvida, para a reflexão, para o vazio, para o "silêncio visual". As experiências virtuais podem ser interessantes, desde que o sujeito não fique preso ao fascínio das imagens. As experiências regidas pela lógica da falta, da incompletude, ou seja, regidas pela renúncia à plenitude de satisfação, criam laços sociais, libertam o sujeito da sedução da imagem, da impossibilidade de diferenciar-se no universo fascinante do ciberespaço.

Referências

ALMEIDA, Milton José. *Imagens e sons: a nova cultura oral*. 2. ed. São Paulo: Cortez, 2001. (Coleção Questões da Nossa Época). 110 p.

CIRINO, Oscar. Invenção e desaparecimento da infância. In: CIRINO, Oscar. *Psicanálise e Psiquiatria com crianças. Desenvolvimento ou estrutura*. 1. ed. Belo Horizonte: Autêntica, 2001. p. 19-47.

COSTA, Jurandir Freire. *A ética e o espelho da cultura*. 3. ed. Rio de Janeiro: Rocco, 2000. 180 p.

DOUMIT, É. Alienação. In: KAUFMANN, Pierre. *Dicionário enciclopédico de psicanálise: o legado de Freud e Lacan*. Rio de Janeiro: Jorge Zahar, 1996. p. 20-25.

ECO, Humberto. *Seis passeios pelos bosques da ficção*. São Paulo: Companhia das Letras, 1999. 158 p.

FREUD, Sigmund. *Psicologia das massas e análise do eu*. (1921). In: FREUD, Sigmund. *Edição Standard brasileira das obras psicológicas completas de Sigmund Freud*. Rio de Janeiro: Imago, 1974, v. 18, p. 89-179.

FREUD, Sigmund. *Sobre o narcisismo: uma introdução*. (1914). In: FREUD, Sigmund. *Edição Standard brasileira das obras psicológicas completas de Sigmund Freud*. Rio de Janeiro: Imago, 1974. v. 14, p. 85-119.

HANNS, Luiz. *Dicionário comentado do alemão de Freud*. Rio de Janeiro: Imago, 1996. 505 p.

KAUFMANN, Pierre. Dicionário enciclopédico de psicanálise: *o legado de Freud e Lacan*. Rio de Janeiro: Jorge Zahar, 1996. 785 p.

LACAN, Jacques. A agressividade em psicanálise. (1948). In: LACAN, Jacques. *Escritos*. Rio de Janeiro: Jorge Zahar, 1998. p. 104-126.

LACAN, Jacques. O estádio do espelho como formador da função do eu. (1949). In: LACAN, Jacques. *Escritos*. Rio de Janeiro: Jorge Zahar, 1998. p. 96-103.

LACAN, Jacques. *O seminário, livro 11: os quatro conceitos fundamentais da psicanálise*. (1964). Rio de Janeiro: Jorge Zahar, 1995.

LAMBOTTE, M. C. Narcisismo. In: KAUFMANN, Pierre. *Dicionário enciclopédico de psicanálise: o legado de Freud e Lacan*. Rio de Janeiro: Jorge Zahar, 1996. p. 347-356.

LÉVY, Pierre. *Cibercultura*. São Paulo: Ed. 34, 2000. 260 p.

LIMA, Nádia Laguárdia. Fascínio e alienação no ciberespaço: *uma contribuição da psicanálise para o campo da educação*. 2003. Dissertação (Mestrado em Educação). Programa de pós-graduação em Educação da Faculdade de Educação da Universidade de Minas Gerais, Belo Horizonte, 2003. 155 p.

MILLER, Jacques-Alain; LAURENT, Éric. O outro que não existe e seus comitês de ética. In: *Revista Curinga*. Escola Brasileira de Psicanálise – Sessão Minas Gerais. Belo Horizonte, n. 12, 1998.

QUINET, Antonio. *Um olhar a mais: ver e ser visto na psicanálise*. Rio de Janeiro: Jorge Zahar, 2002. 312 p.

ROZA, Eliza Santa. E agora eu era o herói: *o brincar na teoria psicanalítica*. In: ROZA, Eliza S. & REIS, Eliana Schueler. *Da análise na infância ao infantil na análise*. Rio de Janeiro: Contra Capa Livraria, 1997. p. 75-86.

SALVAIN, P. Paixão. In: KAUFMANN, Pierre. (1996) *Dicionário enciclopédico de psicanálise: o legado de Freud e Lacan*. Rio de Janeiro: Jorge Zahar, 1996. p. 389-390.

TURKLE, S. *A vida no ecrã... A identidade na era da internet*. Lisboa: Relógio D'Água, 1997. 482 p.

Violência sexual na infância
O que "re-vela" essa realidade

Juliana Marcondes Pedrosa de Souza
Vera Lopes Besset

> Se não vejo na criança uma criança,
> é porque alguém a violentou antes;
> e o que vejo é o que sobrou de tudo
> o que lhe foi tirado.
>
> HEBERT DE SOUZA – BETINHO

As imagens da infância na mídia

Ao se ligar a televisão ou ao se ler o jornal, ouvindo-se o rádio e vendo-se a propaganda disseminada pela cidade, é fácil notar que existem pelo menos duas infâncias apresentadas pela mídia, uma feliz, alegremente bem recebida pelo mundo adulto, e outra infeliz, banida dos seus lugares habituais: a casa e a escola. Nesta última, a criança aparece, na maioria das ocasiões, comendo sua merenda, cantando e brincando, não há lugar para outras situações que as apresentem tristes ou em situação negativa. Isso tudo sem falar na criança apresentada nas campanhas publicitárias, sempre sorridente, esperta, inteligente e ativa.[1] Além disso, alguns escritos sociológicos têm demonstrado como opera a mídia na era neoliberal, destacando que os meios de comunicação de massa dispõem de uma aura de verdade, garantindo ao público a informação enlatada sem possibilidade de reflexão.[2]

A criança infeliz aparece no noticiário que vem trazendo uma avalanche de notícias de violência de todos os tipos contra ela e que perpassam a sociedade dos seus estratos considerados mais pobres e menos escolarizados àqueles que são mais ricos e frequentadores do ensino superior, quase não há distinção. Recentemente, o caso Isabella Nardoni[3] ocupou a mídia praticamente em tempo integral, que apresentou um verdadeiro "show" de cobertura. Na mesma época, outras crianças sofreram agressões semelhantes e nem por isso foram motivo de atenção pela mídia, ou, se o foram, não tiveram a mesma intensidade. Importa muito a condição social dos envolvidos e também a repercussão do caso na sociedade, porque escusado se torna dizer que há uma predileção por certo tipo de notícia que traduz uma situação considerada rara ou inédita, que atinja pessoas ou instituições acima de qualquer suspeita. Não se trata, contudo, de uma seleção natural, de modo algum a escolha recai somente sobre aspectos que envolvem a condição social dos envolvidos, grau de escolaridade, presença no mundo

---

[1] Apesar das últimas recomendações do CONAR, a criança ainda aparece na publicidade que não raro a coloca em situação ridícula, às vezes, até humilhante. É interessante notar que ultimamente a mídia tem salientado que nem mesmo nas creches as crianças se encontram seguras, mostrando vários casos de morte e de maus-tratos nesses lugares

[2] BOURDIEU (1998) apresenta a crítica mais atualizada da atuação da mídia no mundo globalizado . Para uma análise mais antiga e contundente sobre a ação da mídia, ver DEBORD (1997). Esta obra escrita no calor das manifestações de Maio de 68, na França, mostra o poder do "império da mídia", que, na opinião do autor, gera o espetáculo da passividade.

[3] Sobre o caso Isabella Nardoni, ver revista *Veja* edição 2.055, de 9 de abril de 2008, p. 96-97, e a edição 2.056, de 16 de abril de 2008, p. 94-95.

dos negócios, nas esferas sociais mais reservadas, como no caso do mundo artístico, etc., há outros aspectos que dizem respeito à sordidez, à classificação de crime hediondo, ou aos crimes que têm os denominados "requintes de crueldade".

O que se procurou problematizar até aqui foi justamente o imaginário social que tem a capacidade de inventar uma imagem da infância vista como frágil, bela, adorável, feliz, protegida, etc., e que, ao mesmo tempo, procura ocultar a degradação desse mesmo ser, vulgarizando seu sofrimento. A construção da imagem dessa infância pela mídia segue de algum modo esse imaginário social se apropriando dele conforme o caso e a situação. A imagem social da infância, ora impõe certas regras para apresentar o modelo de infância de acordo com a situação, ora idealiza a infância de tal maneira que não se consegue pensar em qualquer outra possibilidade, não há brecha para se ver nada diferente. É extremamente claro isso quando são exibidas de um lado a infância dita abandonada, violentada e do outro a infância amparada "normal", que seria aquela inserida na família, estável, com um lar. A própria situação exibida demonstra o abandono e a proteção, muitas vezes num mesmo telejornal vemos maus-tratos e situações de felicidade incomparável.

Há algo de paradoxal nessa situação e que devia merecer maior atenção dos pesquisadores envolvidos nas análises culturais de nossa sociedade. É interessante notar que essas imagens nascem sob circunstâncias muito especiais; por exemplo, nas duas últimas décadas do século passado, a sociedade e a mídia que a acompanhava, inventaram, por assim dizer, o pivete, denominado genericamente de menor abandonado que muitas vezes ia parar num abrigo, mas que estava presente nas ruas e era motivo de pânico entre os transeuntes. O noticiário da época fazia alarde de fugas nas FEBEMs e mostrava as vítimas desses "menores" a todo o momento. Hoje, esses meninos e jovens sumiram? Alguém ocupou o lugar deles? Transformaram-se em criminosos que criaram facções perigosas envolvidas com o crime organizado? Tornaram-se trabalhadores? São cidadãos honestos? O que foi feito deles?

Considerando-se que a violência assumiu lugar de destaque nas sociedades contemporâneas causando praticamente a falência da ideia de modernidade nascida a pouco mais de um século, pode-se dizer que a infância não foi apenas um dos segmentos sociais atingidos, mas, muito mais do que isso, foi o próprio epicentro da tormenta moderna.[4] As premissas da modernidade prometiam o advento de uma sociedade com alto grau de sofisticação das leis, da justiça, implantando modelo de cidadania plena, inclusive com os direitos sociais, libertando a todos do passado dessas tenebrosas sociedades hierarquizadas, brutalmente dirigidas por déspotas. Nessas sociedades, a infância não era mais do que um peso morto cabendo às crianças e aos jovens seguirem o destino de seus pais, do aristocrata ao camponês.

A modernidade, porém, reservava à humanidade novas maneiras de escravizar e de dominar as pessoas; nazismo, fascismo, stalinismo e seus congêneres provaram que era possível engendrar formas avançadas de controle social com o uso dos meios de comunicação de massa – *mass-media*. A propaganda, aliada a diversas estratégias de idolatrar e cultuar as lideranças, ganhou rapidamente o espaço político das décadas que sucederam a I Guerra Mundial.

---

[4] Na instigante obra de BERMAN (1987), verifica-se como a utopia da modernidade gerou expectativas concretas em várias sociedades desde o século XIX, dela não escapou nem mesmo a produção marxista-leninista. No prefácio desse livro, dedicado ao seu filho que faleceu num dos centros médicos mais avançados do mundo, de uma doença corriqueira, Berman, denuncia toda a fragilidade dessa estrutura supostamente invulnerável.

As grandes guerras do século passado costumam ser lembradas como momentos de terrível situação para a humanidade, quando o mundo pôde assistir à morte de milhões de crianças em diversas situações, inclusive nas terríveis experiências do Holocausto e nos ataques às cidades de Hiroshima e Nagasaki, bombardeadas com os primeiros artefatos atômicos da História. Muitos consideram apenas infelizes exceções esses terríveis momentos protagonizados pela História recente. Há uma vontade sempre maior de esquecer o passado em prol do presente e do futuro. Milhares de crianças e jovens entraram para a Juventude Hitlerista e sem dúvida foram importantíssimos para os planos nazistas na tentativa frustrada de criar o III Reich (BARTOLETTI, 2006). Hoje, infelizmente presenciamos essa mesma lógica em que milhares de crianças são acolhidas pelo chamado poder paralelo do tráfico que se instala em nossa sociedade.

Depois da Guerra surgiu a Organização das Nações Unidas, com suas declarações, Universal dos Direitos do Homem e Declaração dos Direitos da Criança. Essas novas referências universais que implementaram decisiva postura em relação aos direitos da infância e da juventude e dos "Homens" não impediram que outros milhões de crianças morressem em guerras ou de fome e fossem vítimas das diversas formas de violência ainda no século XX, e no século atual em todo o mundo.

Para não fugir do centro da questão, pode-se dizer que aqui mesmo entre nós não é raro o envolvimento da infância e da juventude em delitos e crimes ligados à guerra do narcotráfico e outras modalidades de crime e de contravenção como a exploração sexual. É claro que a situação se desloca, na maior parte das vezes, para o velho argumento da situação de risco da família de baixa renda, mesmo que se tenha notícias de novos casos da chamada classe média alta, os casos são apresentados como resultado da má organização familiar ou sua simples dissolução e até inexistência. Sempre fica parecendo que a família não cumpriu seu dever e que o Estado fez tudo que podia para evitar o pior. Não se pensa em mais nada, a não ser encontrar os culpados.

É notório que aquilo que se convencionou chamar de família mudou muito e isso não tem sido considerado, apesar dos esforços de alguns estudiosos em demonstrar o fim do modelo nuclear, monogâmico, patriarcal, etc. Muito embora, segundo os historiadores, a família tenha, desde a época do Brasil colônia, a função de garantir o bem-estar de seus membros e transmitir aspectos educativos, religiosos, econômicos e políticos reproduzindo e legitimando valores, constatamos hoje que ela não assegura à criança a proteção necessária e a garantia de seus direitos. Os casos de violência sexual nos demonstram que a família, enquanto responsável por proteger a criança, falha no desempenho dessa função quando, por exemplo, o pai comete o incesto. Um silêncio paira sobre essa desordem, impossibilitando que o segredo familiar seja desmascarado, silêncio que busca encobrir o furo desse ideal de família, havendo pouco espaço na sociedade para se falar da família como lugar em que as várias formas de violência e negligência possam acontecer.

Na sociedade contemporânea, existiria dessa maneira uma espécie de visão dicotômica da infância? Existe uma imagem da infância romanceada, potencial consumidora, futuro da nação e por outro lado uma infância tratada de modo perverso que, em muitos casos, é jogada ao trabalho escravo, à exploração sexual e até mesmo das janelas dos apartamentos. Ao serem apresentadas pela mídia, essas imagens oscilam de modo constante, ora registrando o paraíso, ora o inferno ao qual se submete a infância. Às vezes paladinos da defesa dos direitos da infância são surpreendidos com situações que não condizem a certas pessoas consideradas de "bem". A pedofilia se transformou nos últimos tempos na grande ameaça à sociedade, contando inclusive com uma Comissão Parlamentar de Inquérito, que parece não saber onde começa e onde termina o problema. Pessoas consideradas de ilibada reputação, com curso superior, médicos, professores, sacerdotes, policiais, pais, etc., são levadas diante das câmeras de televisão acusadas de atos considerados monstruosos. Que sociedade e que mídia seriam capazes de oferecer esse espetáculo de horror? O horror desses casos gera, ao contrário do que se espera, um silêncio e, no Brasil, a tolerância passa a ser perceptível quando percebemos que não há sequer uma lei que trate especificamente do incesto.

Historicamente, seria preciso verificar, como, aliás, já o fizeram diversos estudiosos, de que maneira surgiram essas visões tão díspares da infância. Os esforços têm se redobrado nos últimos anos na tentativa de dar respostas às indagações que aparecem todos os dias.[5] A roda dos expostos desapareceu há muito tempo, o que não impede que se joguem crianças em rios, ruas, lixões, lagoas, etc. Afinal, a sociedade midiática que aí se encontra, bem dotada de "shopping", hipermercados e grandes lojas, atenta ao futuro e ao progresso tecnológico, tenta com extrema dificuldade superar sua herança cultural moralista, escravista, pesada, ignominiosa e, nessa busca, a infância, além de ser uma idealização, uma imagem elaborada socialmente, ganha na mídia um espaço próprio que lhe é reservado pelo espetáculo. Apesar disso, alguns tipos de violência a mídia resiste em anunciar. Por que é tão difícil abordar o tema da violência doméstica? Por que se houve falar tão pouco da violência sexual que acomete nossas crianças?

Um dos fatores que contribuem para a manutenção do silêncio nos casos de violência sexual é o alto grau de reprovação social que essa questão causa, uma vez que o

---

[5] Alguns exemplos destes estudos são: MARCÍLIO, 1998; FREITAS, 1997; DEL PRIORE, 1996, 1999.

incesto é um dos tabus primordiais da nossa sociedade, que, apesar das mudanças na família ao longo dos últimos séculos, foi sempre um valor a ser por ela transmitido. Denunciar a família é romper com o imaginário de completude familiar e apontar para a incompletude de cada um de seus membros, trazendo à tona o mal-estar.

É comum esperar que a família cumpra o seu papel de ser um referencial de proteção e amor e de manter as crianças e os adolescentes afastados dos perigos encontrados no mundo exterior ao espaço doméstico e familiar. Apesar dessa expectativa, constata-se que crianças e adolescentes são vítimas de violência doméstica e familiar, alvo do abuso de poder dos pais ou responsáveis, que os desconsideram sujeitos de direitos.

Em 2006, o Serviço Sentinela[6] do município de Belo Horizonte registrou 404 casos de denúncia de suspeita de violência sexual, sendo destes confirmados 395. Em 2007, o número de ocorrências subiu para 774 casos. Desse total, 671 (86,7%) ao serem atendidos foram confirmados como casos de abuso sexual, seguidos de exploração sexual, com 78 casos (10%), além de 18 registros de negligência ou abandono (2,3%) e sete casos de violência física (1%), todos geralmente cometidos por familiares e pessoas próximas às vítimas. Apesar de sabermos que o índice de subnotificação é elevado, o significativo aumento das denúncias é fruto da inserção desse tema nas na agendas públicas que têm buscado construir propostas governamentais através de campanhas de conscientização, bem como investir nos programas e serviços que visam ao combate à essa violência.

---

[6] Dados da Secretaria de Assistência Social de Belo Horizonte informados na reportagem de Carolina Coutinho, de título "Violência contra criança aumenta 89%", publicada pelo Jornal *O Tempo* em 14/3/2008.

Marcos históricos: o contexto do enfrentamento da violência sexual no cenário brasileiro

Somente em 1990 com o Estatuto da Criança e do Adolescente em vigor é que passamos a ter um olhar diferenciado sobre as crianças e os adolescentes do nosso país. Anterior a essa legislação, o panorama da política pública brasileira voltada para a criança e o adolescente era excludente e preconceituosa. Do Código de Menores de 1927 ao Estatuto do Menor de 1979, tínhamos uma política definida pelo caráter assistencialista e protetivo à infância, que via, na criança e no adolescente em situação de pobreza, uma ameaça social.

Com isso, as primeiras leis em defesa das crianças surgem no século XIX por influência dessa demanda social protetiva, bem como do interesse de compreender as causas dos delitos e das infrações a elas imputados.

No Brasil, em 1927, temos decretado o Código de Menores, elaborado por Mello Matos como o primeiro projeto de lei que dispõe sobre alguns direitos da criança. O Código estabelecia que todos os menores de 18 anos, desde que abandonados ou delinquentes, estariam submetidos à tutela da autoridade competente, e sujeitos às medidas de assistência e proteção como a proibição do trabalho infantil e a impunidade até os 14 anos. Previa também a destituição do pátrio poder e da tutela em casos de atitudes antissociais cometidas contra as crianças, reconhecendo de forma sutil que poderiam sofrer violências por parte de seus responsáveis.

Segundo Marcílio (1998), o discurso da assistência social e do Código de Menores de 1927 definiu um novo projeto jurídico e institucional no Brasil, não punitivo, recuperador e paternal voltado para os menores. O termo menor era usado para designar as crianças e os adolescentes que se encontravam em situação irregular e tornou sinônimo de criança pobre, abandonada e delinquente

Para reafirmar seu caráter protetivo, a legislação brasileira propõe ainda a criação da Fundação Nacional de Bem-Estar do Menor (FUNABEM), um órgão de proteção cujo objetivo era prevenir e corrigir a causa dos desajustamentos visando à reintegração do menor "desajustado" na família e na sociedade. Em 1979, esse Código passa por uma reformulação para tentar contemplar em seus artigos o que propunha a Declaração Universal dos Direitos da Criança de 1959, dando origem ao Estatuto do Menor. Assim, a política de atendimento à criança passa a considerar a proteção como um direito das crianças e dever do Estado.

Com essa reformulação, podemos perceber, de forma sutil, o aparecimento do princípio do melhor interesse da criança no texto da lei. Mesmo assim, não foi possível acabar com os princípios anteriores, pois temos legalmente reconhecida nesse Código a Doutrina da Situação Irregular, que cria o menor "em situação irregular".

O Estatuto do Menor surge como um conjunto de leis relativo à definição da situação irregular, propondo o tratamento e a proteção desses menores. Esse Estatuto não contemplava a criança como um sujeito de direito, tornando-a apenas objeto de intervenção da família, do Estado e da sociedade. Faleiros (1997) afirma que a inscrição da criança na política social se dava não como sujeito, mas como objeto de controle fundamentado no assistencialismo e no paternalismo como prática para atender ao necessitado.

A infância brasileira apenas ganhou visibilidade na mídia a partir dos anos 1980, quando passou a se preocupar com as crianças institucionalizadas e os meninos e as meninas de rua. Até então, existiam pouquíssimas ações voltadas para a temática da violência sexual contra crianças e adolescentes, e o tema surge na mídia brasileira, inicialmente, por meio de denúncias de exploração sexual de meninas na mais tenra idade, envolvidas na exploração sexual nas ruas das grandes cidades.

Depois de vários questionamentos dos órgãos nacionais e internacionais de proteção à criança e ao adolescente, temos recentemente na legislação brasileira um conjunto de leis que vêm legitimar a criança como sujeito de direito. Com o Estatuto da Criança e do Adolescente em 1990, passa a vigorar a doutrina da proteção integral. Eleva-se o *status* das crianças e dos adolescentes, que deixam de ser denominados de "menores" e são reconhecidos como sujeitos de direito em condição peculiar de desenvolvimento. A sociedade, mediante essa nova legislação, reconhece que as crianças são vulneráveis e merecem, por isso, a proteção integral e especial da família, da sociedade e do Estado.

Assim, essa nova legislação favoreceu a discussão de práticas domésticas que reproduzia as formas dominantes de autoritarismo e obediência na sociedade, abarcando, inclusive, a violência doméstica e camuflando a violência sexual.

O tema da violência sexual ganha destaque primeiramente com base nas discussões sobre a "prostituição infanto-juvenil", motivada pela realização da CPI sobre "prostituição infantil" em 1993, que busca contribuir para a construção de políticas públicas para o seu combate e erradicação.

Apenas recentemente temos no cenário brasileiro aprovada a primeira lei que define o conceito de violência doméstica e familiar. A Lei nº 11.340/06, mais conhecida como "Lei Maria da Penha", define por violência doméstica e familiar qualquer ação ou omissão que, com base nas questões de gênero, cause morte, lesão, sofrimento físico, sexual ou psicológico e dano moral ou patrimonial. Ampliando esse conceito, entende-se por violência doméstica e familiar contra criança e adolescente:

> Atos ou omissões praticados por pais, parentes ou responsáveis em relação a crianças e ou adolescentes – sendo capaz

> de causar à vítima dor ou dano de natureza física, sexual e ou psicológica – implica de um lado, numa transgressão do poder / dever de proteção do adulto e, de outro, numa coisificação da Infância, isto é, numa negação do direito que crianças e adolescentes têm de ser tratados como sujeitos e pessoas em condição peculiar de desenvolvimento. (AZEVEDO, 1993, p. 37)

Esses atos de violência que têm ocorrência na unidade doméstica, compreendida como espaço de convívio permanente de pessoas com vínculo familiar ou sem ele e no âmbito da família, formada por indivíduos que são, ou se consideram aparentados por laços naturais ou por afinidade, configuram-se como uma das formas de violação dos direitos humanos.

O entendimento proposto pela Declaração Universal dos Direitos Humanos de que todos os direitos (civis, políticos, econômicos, sociais e culturais) são indissociáveis e igualmente necessários à garantia da dignidade humana nos permite dizer que o trabalho de enfrentamento do fenômeno da violência doméstica e familiar depende de um grande esforço coletivo, posto que exige a articulação adequada de uma rede de atendimento.

Em nosso país, foi com a criação do Estatuto da Criança e do Adolescente em 1990 que passamos a ter um olhar diferenciado sobre as crianças e os adolescentes, uma vez que esses passaram a ser considerados sujeitos de direitos em condição especial de desenvolvimento, portanto, merecedores de proteção integral.

E o que significa nomeá-los sujeito de direitos? A palavra "sujeito" aponta para a concepção de indivíduos autônomos e íntegros, dotados de personalidade e vontade próprias que, na sua relação com o adulto, não podem ser tratados como passivos ou meros objetos. Já a expressão "de direitos" significa que são beneficiários de obrigações por parte de terceiros: família, sociedade e Estado. A esses cabe a responsabilidade de denunciar e corrigir qualquer atitude de negação de direitos de cidadania que comprometa o desenvolvimento integral, a realização pessoal e a participação social de crianças e adolescentes. Assim, declara o artigo 3º Título I do ECA:

> A criança e o adolescente gozam de todos os direitos fundamentais inerentes à pessoa humana, sem prejuízo da proteção integral de que trata esta Lei, assegurando-lhe, por lei ou por outros meios, todas as oportunidades e facilidades, a fim de lhes facultar o desenvolvimento físico, mental, moral espiritual e social, em condições de liberdade. e de dignidade (BRASIL, 2001, p. 9)

Na perspectiva do ECA, a violência sexual configura-se como uma das formas em que a violência doméstica e familiar pode se manifestar. Considerando os conceitos já trabalhados acima, podemos dizer que a violência sexual passa a ser não mais um crime contra a liberdade sexual das crianças e dos adolescentes, mas uma violação de seus direitos fundamentais que, de acordo com o artigo 4º Título I do ECA, deverão ser assegurados com absoluta prioridade.

> É dever da família, da comunidade, da sociedade em geral e do Poder Público assegurar, com absoluta prioridade, a efetivação dos direitos referentes à vida, à saúde, à alimentação, à educação, ao esporte, ao lazer, à profissionalização, à cultura, à dignidade, ao respeito, à liberdade e à convivência familiar e comunitária (BRASIL, 2001, p. 9).

A violência sexual que ocorre entre os membros da família apresenta caráter incestuoso, uma vez que a lei do incesto em nossa sociedade diz que os pais não podem manter com seus filhos nenhum tipo de relação sexual. Nesse campo, é preciso partir do pressuposto de que a violência sexual tem como autores adultos e como vítimas crianças ou adolescentes, que, segundo o enfoque jurídico se encontram em condição de desenvolvimento e, portanto, não possuem recursos suficientes para lidar e romper com a violência.

Pelo Código Penal (BRASIL, 1991), a violência sexual contra crianças e adolescentes que pode ser caracterizada por incestogênica diferencia-se dos outros tipos de crime sexual, já que são crimes em que o agressor mantém com a vítima uma relação de consanguinidade, responsabilidade ou afetividade. É por isso que, nesses casos, a palavra incesto designa um diferencial, uma vez que se refere a relações sexuais entre dois membros da mesma família, cujo casamento seria proibido por lei ou costume.

Concordamos com Laurent (2007), psicanalista francês que vem escrevendo sobre o tema do abuso sexual, que é preciso considerar as particularidades desse tipo de violência. Para esse psicanalista, as pessoas encarregadas de cuidar das famílias à deriva sentem-se impotentes quando são confrontadas com

> [...] comportamentos irracionais de sujeitos inseridos em universos sociais totalmente desestruturados, nos quais a miséria social e a violência desafiam toda a apreensão por meio das categorias aprovadas ou não pela mora. (LAURENT, 2007, p. 36)

Diante disso, pode-se entender melhor por que é tão importante, nos casos de violência sexual doméstica e familiar, ir além das causas socioeconômicas e considerar, por exemplo, que a relação incestuosa surpreende pela idade da vítima, que estas mantêm com os abusadores vínculos afetivos, que o abuso acontece em um contexto dito socialmente como protetivo e que são essas particularidades que dificultam a identificação do problema. Apesar da atuação dos diversos serviços implementados para trabalhar no enfrentamento desses casos, o lugar que essas crianças e esses adolescentes ocupam nas relações incestuosas é incompreensível para a Assistência Social e para a Justiça, afirma Laurent (2007). A assistência visa à proteção da criança, e a medida imediata para tal é afastar dela o abusador, acionando para isso, a justiça. A justiça, através de suas leis, pune o abusador, e espera-se que com isso o caso seja dado por finalizado. Ora, pensarmos para além dessas intervenções em serviços que se dizem protetivos não é nada fácil.

Nesse contexto de interface da psicologia com o jurídico, entendemos que o dever ético do psicólogo deve ultrapassar os procedimentos de investigação, exame dos fatos e encaminhamento desses indivíduos à rede de proteção. O psicólogo que atua nesses serviços tem muito a dizer sobre a especificidade dessa clínica e os efeitos de uma escuta pontual.

No cotidiano de trabalho em serviços destinados a acompanhar crianças e adolescentes com suspeitas de estar sofrendo violência sexual, somos orientados a ficar atentos ao seu comportamento, que, pela literatura específica, é típico indício dessa violência e deve ser avaliado. Esse comportamento diz respeito a: choro constante da criança sem motivo aparente; medo de ficar sozinha com o pai ou outras pessoas; insegurança; sintomas no corpo, como quadro de anorexia e enxaquecas; atividades sexuais inadequadas para a idade, que veem denunciar de forma silenciosa algo de diferente que está acontecendo com essa criança ou esse adolescente.

Um trabalho que visa ultrapassar os limites do jurídico e da assistência social nos permite refletir sobre novas intervenções no contexto da violência que pedem um diálogo da psicologia com outros saberes. Partindo dessa ideia, a psicanálise, como ferramenta teórica utilizada pelos psicólogos desses serviços, propõe uma escuta do sujeito implicado nessa cena de abuso. Ao mesmo tempo, devemos, como diz Laurent (2007), atuar nesse contexto como "analista cidadão", pinçando do universal o particular de cada caso, de cada sujeito. Eis o trabalho causado pela psicanálise, nos atendimentos a essas crianças e a esses adolescentes, devemos nos esquivar do lugar de suporte apenas das intervenções que são diretrizes desses serviços. Ora, o fundamental é contribuirmos no processo de construção de um dizer da criança acerca do que foi vivido por ela. Esse dizer particular ao sujeito é condição para uma reescrita possível, ou seja, elaboração da experiência.

É assim, superando desafios e inovando, que buscamos circunscrever a especificidade da contribuição da psicanálise, na construção de intervenções no campo de uma clínica que se faz no contexto do respeito aos direitos previstos no Estatuto da Criança e do Adolescente.

Enfrentamento da violência sexual: um trabalho possível

A realidade traçada pelos dados observados, registrados e divulgados pela mídia nos permite construir políticas públicas e definir a aplicação de recursos para enfrentar o grave problema da violência sexual contra crianças e adolescentes no Brasil. Várias são as propostas de intervenção. Vamos nos ater neste texto na prática embasada na psicanálise aplicada ao campo do direito, que anuncia uma nova maneira de articular o sujeito do direito ao sujeito do inconsciente. É importante pensar como algumas construções e conceitos da psicanálise podem enriquecer o trabalho do profissional nesse campo de interface. A psicanálise trabalha na contramão do discurso jurista, das perícias e dos testes psicológicos. Ela sustenta a particularidade de cada caso e a singularidade de cada sujeito, rompendo com as intervenções de caráter universal.

Altoé (2004) nos faz refletir sobre o mal-estar que se coloca nas instituições, quando a proposta é romper com o saber universalizante. Ela diz que o fazer, a partir do caso a caso, dá trabalho, visto que pede sempre a construção de uma nova intervenção e, com isso, o técnico tem de ser criativo. Diante de um caso de abuso, para a instituição que não trabalha na perspectiva do caso a caso, basta seguir o manual proposto: primeiro se escuta o responsável, depois a criança, sempre esperando que os relatos não passem de uma fantasia. Encaminha-se o responsável para registrar a denúncia e a criança para um exame de corpo de delito. Na dúvida se o abuso ocorreu ou não, pedem-se imediatamente as medidas protetivas, afastando a criança do abusador, mas também de sua família, de sua vida.

Como dizia uma criança em um atendimento, depois de sofrer todas as consequências das medidas ditas protetivas: "Eu pensei que meu pai tava errado, mas eu acho que eu é que tava porque eu que tive que sair de casa e da escola".[7]

> A abordagem psicanalítica permite que a criança ou jovem seja percebido na sua subjetividade, na sua história, e não reduzido aos seus problemas, déficits ou carências, como indica a denominação "criança carente". E também abre a possibilidade de intervir no nível da compreensão dos conflitos permitindo evitar que se tomem medidas precipitadas ou intempestivas com as crianças com conseqüências difíceis na relação com o adulto e, também na dinâmica institucional. (ALTOÈ, 2004, p. 54)

O jurídico reforça a lei igual para todos, mas, para uma aplicabilidade embasada na razão e na neutralidade dos fatos, é preciso abrir espaço para o particular aparecer. É nesse momento que devemos olhar para a criança como um sujeito de desejo, de uma história de vida única.

O relato de experiências em serviços de combate à violência sexual nos faz constatar que não basta um trabalho orientado pela premissa da criança enquanto sujeito do direito. Quando partimos somente dessa concepção de sujeito, a criança é vista como objeto, sem história, e os atendimentos são orientados em nome da doutrina da proteção integral.

---

[7] Relato de uma criança de nove anos que sofreu violência sexual, atendida no Serviço Sentinela.

Com isso, as intervenções que deveriam ser construídas no caso a caso são direcionadas em prol do saber universal de quem protege e trazem um efeito catastrófico.

Considerando que as crianças que foram violentadas sexualmente por seus pais transitam pelo campo jurídico, podemos dizer que o trabalho do psicólogo nessas instituições é propiciar que a verdade do sujeito seja dita de sua forma e em seu tempo. Essa verdade está para além da verdade das provas periciais e das narrativas apresentadas por aqueles que denunciaram a suspeita da violência.

A verdade que interessa à psicanálise é a que emerge quando o psicólogo se coloca na posição de escutar o que está além do que é dito pela criança e a reconhece como sujeito do inconsciente. É somente a partir do trabalho de escuta da criança que é possível ao técnico informar aos órgãos competentes as intervenções que, do ponto de vista psíquico, preservam o melhor interesse da criança.

Visando a uma compreensão do que foi descrito acima, teceremos algumas reflexões valendo-nos de fragmentos de um caso clínico. O atendimento foi realizado no Serviço de Psicologia da DECCM/BH, espaço atravessado pelo discurso do Direito e da investigação policial.

O caso, aqui denominado Paula, vem demonstrar como a violência que se configura entre os membros da família, nesse caso pai e filha, tem o seu horror associado não somente à ruptura do aspecto biológico e sexual, mas também e, principalmente, pelas perversões das funções familiares.

Sabemos que a estrutura familiar, desde os estudos de Freud, tornou-se objeto de investigação no campo da psicanálise. A família é uma instituição que desempenha uma importante função na transmissão da cultura. Ela faz valer, ao longo das gerações, os valores, os costumes sociais, promovendo a educação e a aquisição da linguagem, apontando para o sujeito o elemento interditor, o qual define o que pode e o que não pode dentro da família e da sociedade como um todo.

Lacan (1938) em seu texto "Os Complexos Familiares" faz-nos pensar as relações familiares como pontos de conflitos psíquicos que suscitam questões referentes ao amor e ao ódio, à insatisfação, aos encontros e desencontros incompreensíveis à luz da consciência. Neste texto ele nos diz:

> Entre todos os grupos humanos, a família desempenha um papel primordial na transmissão da cultura. Se as tradições espirituais, a manutenção dos ritos e dos costumes, a conservação das técnicas e do patrimônio são com ela disputados por outros grupos sociais, a família prevalece na primeira educação, na repressão dos instintos, na aquisição da língua acertadamente chamada de materna. Com isso ela preside os processos fundamentais do desenvolvimento psíquico, preside esta organização das emoções [...], ela transmite estruturas de comportamentos e de representação cujo jogo ultrapassa os limites da consciência. (LACAN, 1938, p. 13)

A violência sexual que ocorre dentro dos lares afeta a família nesse lugar responsável por proteger e criar seus filhos. Aponta também para a negação da transmissão da lei que regula as práticas sexuais entre seus membros, configurando vínculos desastrosos e desordenados entre eles. Considerando a leitura acima sobre a função da família com base no enfoque da psicanálise, passamos ao relato do caso.

O caso Paula

Maria, 32 anos, mãe de Paula, 10 anos, foi encaminhada ao Setor de Psicologia da delegacia Especializada em Crimes Contra a Mulher, após ser atendida pela delegada com o objetivo de marcar atendimento psicológico para a sua filha. Relata que sua filha lhe contou que sofreu abuso sexual por parte do pai. Após essa revelação, Maria se diz "perdida" e resolve procurar a Delegacia para investigar se isso poderia ser verdade.

O relato dessa experiência sexual precoce por parte da filha envolvendo o pai abala a família de Maria, que, de repente, se vê às voltas com processos e interrogatórios que tornam reais fatos que não imaginava acontecer.

A violência sexual revela que a família não é ideal como se pensa; romper com esse imaginário é uma tarefa difícil que pode ser percebida no significante "perdida" dito por Maria várias vezes. Perdida não somente por não saber o que fazer, a quem recorrer, mas também por não saber em quem acreditar. Acolher essa mãe e escutar sua queixa lhe deu certa orientação, a princípio, necessária para que ela pudesse sustentar o atendimento da filha.

Retomando o caso, em um dos encontros com Paula, ela se dispõe a dizer aos poucos da violência que sofrera. Relata como foi difícil perceber que isso não podia acontecer, fala que os pais de suas coleguinhas não eram *"maus"*, que não faziam isso com elas: "Eu queria que ele só brincasse comigo, mas se eu ficava em casa sozinha com ele, ele vinha e fazia tudo de novo". O desvelamento do incesto torna-se traumático para a criança, que ainda não possui recursos simbólicos suficientes para compreender o ocorrido. É nos encontros com o psicólogo que, via palavra, Paula consegue construir um saber sobre isso e constatar que havia algo de errado entre ela e seu pai.

Outro momento do atendimento dessa criança aponta para uma possível mudança de posição em relação às cenas de violência vividas. Ela brinca com a família de bonecos e simula uma cena onde a mãe sai para trabalhar e os filhos ficam em casa com o pai. Fala baixinho o diálogo entre os bonecos de que escuto apenas os murmúrios. Em uma cena de briga, aumenta o tom de voz, pergunto o que houve, e ela diz que a filha está desobedecendo ao pai. "O que ela fez, Paula?". Ela responde: "Nada não, mas ele quer tirar a calcinha dela, não pode não, agora eu já sei ninguém pode tirar a calcinha dela, nem o pai dela".

Para a psicanálise, um aspecto importante da dimensão estrutural da família, suposto espaço de proteção e amor, é o fato de ela ser o lugar do Outro da lei, lei de um único artigo, e não de um código penal que é a proibição do incesto. Assim, em todas as famílias, o que fica proibido, ou seja, interditado, marca a possibilidade de emergência de um sujeito desejante. O conceito de complexo de Édipo aparece na obra de Freud como um ponto de referência a partir do qual se organiza o desejo e nesse sentido cabe destacar o papel desempenhado pelas figuras parentais na vida psíquica das crianças.

Nos casos de violência como o "Caso Paula", em que o pai busca o gozo sexual através da filha, há uma perda da função real do pai, uma vez que ele deveria garantir que o gozo sexual entre pais e filhos não deve se satisfazer.

Como sabemos, a menina demanda do pai que ele encarne o interdito e aponte o seu desejo para outra mulher. A outra mulher com a qual a menina terá razões para se identificar. O pai da realidade, por ser o representante privilegiado da lei, acaba por ter nessa trama responsabilidade no devir sexual de sua filha; suas palavras, seus atos, seu desejo não ficam sem efeitos. Esses efeitos só aparecerão em um tempo depois, descritos no caso a caso, já que apontam para a significação que cada sujeito dará para essa experiência.

Outro ponto importante de se destacar é a dificuldade da família e dos operadores do Direito em acreditar nos relatos da criança. Paula justificava várias vezes por que contou para a sua mãe. O receio das pessoas não acreditarem nela aparecia nos atendimentos, pois sempre, ao relatar alguma coisa, me olhava e dizia: "Você acredita em mim, não é?". Acreditar em sua palavra é uma condição que se coloca indispensável ao tratamento, abrindo espaço para a possibilidade de Paula se posicionar nessa situação e tentar reescrever sua história. O trabalho com a palavra, ou melhor, a fala endereçada ao outro, nesse caso o psicólogo orientado pela psicanálise, faz surgir uma via de intervenção em que a contribuição da psicanálise é possível e efetiva, desde que ela se mantenha fiel às suas bases clínicas.

Nesse contexto, quando se põe em questão o dizer da criança a respeito dos fatos ocorridos e busca-se apenas qualificá-los como verdade ou mentira, trabalha-se a favor da revitimização. Assim, essas crianças se tornam vítimas tanto daqueles que a tomaram como objeto sexual quanto da perversão do Estado, que questiona sua verdade, e da mídia, que as expõe não com o objetivo de contribuir com a discussão desse tema, mas sim de aumentar a venda de jornais e revistas.

Retomando o que foi dito no início do texto, não é preciso fazer desse horror um espetáculo midiático. Não podemos sustentar um trabalho em que o fundamental é só reconhecer crianças e adolescentes como sujeitos de direitos, denunciando essas violações. Precisamos também considerá-los sujeitos singulares que poderão, a partir do encontro com o psicólogo orientado pela psicanálise, retificar sua posição diante do mundo. A psicanálise sustenta sua diferença em relação a outras práticas e saberes ao privilegiar o que há de único em cada sujeito, trabalhando as intervenções necessárias, sempre na perspectiva do caso a caso.

Referências

AZEVEDO, Maria Amélia. (1993). Notas para uma teoria crítica da violência familiar contra crianças e adolescentes. In: *Infância e violência doméstica: fronteiras do conhecimento*. São Paulo: Cortez, 1995.

BARTOLETTI, Susan Campbell. *Juventude Hitlerista: a história dos meninos e meninas nazista e a dos que resistiram*. Rio de Janeiro: Relume Dumará, 2006.

BRASIL. *Código de Processo Penal*. Organização dos textos, notas, remissivas e índices por Juarez de Oliveira. 8. ed. São Paulo: Revistas dos Tribunais, 1993.

BRASIL. *Código Penal*. Organização dos textos, notas, remissivas e índices por Juarez de Oliveira. 29. ed. São Paulo: Saraiva, 1991.

BRASIL. *Estatuto da Criança e do Adolescente*. Belo Horizonte: VL&P Editora, 2001.

BRASIL. *Lei nº 11340, de 7 de agosto de 2006:* Lei Maria da Penha. Brasília: Secretaria Especial de Políticas para as Mulheres, 2006.

BERMAN, Marshall. *Tudo que é sólido desmancha no ar*. São Paulo: Companhia das Letras, 1987.

BESSET, V. L. Clínica com Adolescente: de que pai se trata? *Psicologia em Revista*, v. 11, n. 17, 2005, p. 86-95. Disponível em: <http://www.pucminas.br>.

BESSET, V. L. et al. A psicanálise na cultura: novas formas de intervenção. In: GONÇALVES, H. S.; COUTINHO, L. G. (Orgs.). *Ensaios sobre a Juventude Carioca*. NIPIAC/2006 (no prelo).

BOURDIEU, Pierre. *Contrafogos: táticas para enfrentar a invasão neoliberal*. Rio de Janeiro: Jorge Zahar Editor, 1998

CONANDA. *Diretrizes Nacionais para a Política de Atenção à Criança e ao Adolescente (2001–2005)*. Brasília: CONANDA, 2000.

DEBORD, Guy, *A Sociedade do espetácul*. Rio de Janeiro: Contraponto, 1997.

DECLARAÇÃO UNIVERSAL DOS DIREITOS HUMANOS. Disponível em: <http://www.unhchr.ch/udhr/lang/por.htm> .

DEL PRIORE, Mary (Org.). *História da criança no Brasil*. 4. ed. São Paulo: Contexto, 1996.

DEL PRIORE, Mary (Org.). *História das crianças no Brasil*. São Paulo: Contexto, 1999.

FALEIROS, Eva T. S. (Org). *O abuso sexual contra crianças e adolescentes: os(des)caminhos da denúncia*. Brasília: Presidência da República, Secretaria Especial dos Direitos Humanos, 2003.

FALEIROS, Eva T. S. *Repensando os conceitos de violência, abuso e exploração sexual de crianças e adolescentes*. Brasília: Thesaurus, 2000.

FREITAS, Marcos Cezar de (Org.). *História social da infância no Brasil.* São Paulo: Cortez, 1997.

FREUD, Sigmund (1908). *As transformações da puberdade.* In: *Três Ensaios Sobre a Teoria da Sexualidade e Outros Trabalhos.* Rio de Janeiro: Imago, 1980. p. 213-228. (Edição standard Brasileira das Obras Psicológicas Completas de Sigmund Freud, XII).

FREUD, Sigmund (1912). *Totem e tabu.* In: *Totem e Tabu e Outros Trabalhos.* Rio de Janeiro: Imago, 1980. p.17-192. (Edição standart brasileira das obras psicológicas completas de Sigmund Freud, XIII)

LACAN, Jacques (1949). *O estágio do espelho como formador da função do eu.* In: *Escritos.* Rio de Janeiro: Jorge Zahar, 1998.

LACAN, Jacques (1958). *O Seminário, livro 5: as formações do inconsciente.* Rio de Janeiro: Jorge Zahar, 1999.

LACAN, Jacques. *O Seminário, livro 22: R,S, I. Lição de 21/01/1975.* Inédito.

LACAN, Jacques (1938). *Os complexos familiares na formação do indivíduo.* Rio de Janeiro: Jorge Zahar, 1985.

LAURENT, Eric. *A sociedade do sintoma: a psicanálise, hoje.* Opção Lacaniana n° 6. Rio de Janeiro: Contra Capa Livraria, 2007.

MARCÍLIO, Maria Luiza. *História social da criança abandonada.* São Paulo: Hucitec, 1998.

SILVESTRE Michel. O pai, sua função na Psicanálise. In: *Amanhã a Psicanálise.* Rio de Janeiro: Jorge Zahar, 1991. p. 86-113.

VISAO MUNDIAL. Confusão na alma: o encontro com o incesto. *Transformação.* Belo Horizonte: s.ed., ano XIV, n. 1, abr. 2002.

A publicidade e a sua recepção pelas crianças
Como elas veem, percebem, sentem e desejam produtos divulgados na mídia impressa e na televisão

Graziela Valadares Gomes de Mello Vianna
Kely Cristina Nogueira Souto
Ruth Ribeiro

Este texto[1] apresenta os resultados de pesquisa qualitativa que teve como objetivo fazer uma observação da infância na mídia, especialmente na mídia direcionada para o público infantil. Esse trabalho proporcionou uma série de indagações sobre os conceitos, a metodologia e os procedimentos de investigação na nossa atuação como pesquisadores das áreas de publicidade, educação e sociologia.

Há um número significativo de pesquisas realizadas com crianças e elas nem sempre refletem sobre a definição da categoria infância e sobre a metodologia adequada à pesquisa com esse grupo. Na maioria das pesquisas, a criança é vista como vítima da sociedade: vítima da violência da família, da

---

[1] Este texto apresenta o resultado de uma pesquisa desenvolvida pelo grupo Observatório da Mídia Infantil. As autoras, orientadoras da pesquisa, Graziela Mello Vianna e Ruth Ribeiro, são professoras do Centro Universitário Newton Paiva e atuam nas áreas de Publicidade e Sociologia. À época da realização da pesquisa Kely Cristina Nogueira Souto, da área de Educação, atuou como orientadora da pesquisa e professora da instituição. A pesquisa teve a participação das alunas bolsistas Carla Fernandes Chiericatti, Cibele Tofoli, Elizabeth Alvares Medeiros e Pâmela Souza Berzoini. O projeto de pesquisa foi desenvolvido com apoio da Funadesp no período de agosto de 2005 a agosto de 2007.

polícia, dos adultos em geral, e finalmente como seres passivos das ações dos adultos.

Parte desses trabalhos concentra-se na área da psicologia do desenvolvimento, que tende a interpretar a criança como indivíduo que se desenvolve independentemente das condições sociais de existência, das representações e imagens historicamente construídas sobre e para ela (SARMENTO, 2005). A psicologia do desenvolvimento tem assim o objetivo de explicar fatos do desenvolvimento humano sem considerá-los como entidades produzidas socialmente, mas sim em decorrência de fatores naturais.

Para Souza (1996), na medida em que a psicologia do desenvolvimento classifica, ordena e coordena as fases do desenvolvimento humano e define o que é crescimento, ela engendra um discurso desenvolvimentista que estipula as formas e as possibilidades com base nas quais o curso da vida pode fazer sentido. Deste modo, ao interpretar fatos desconhecidos sobre o desenvolvimento da criança, a psicologia do desenvolvimento acaba por se tornar estruturadora da experiência infantil. Os comportamentos cognitivos, afetivos, psicomotores, psicossociais passam a ser moldados por determinadas características descritivas. Os estudos e as pesquisas nessa área têm consequências constitutivas sobre o sujeito em formação. Como afirma a autora:

> De fato a psicologia do desenvolvimento habituou-nos a pensar a criança na perspectiva de um organismo em formação, que se desenvolve por etapas, segundo uma cronologia, e que, além disso, fragmenta a criança em áreas ou setores de desenvolvimento (cognitivo, afetivo, social, motor, lingüístico) de acordo com a ênfase dada a essas áreas por cada teoria especifica. (SOUZA, 1996, p. 45)

Desta forma, a criança é vista como uma categoria desvinculada do social, impermeável às relações de classe, apenas um organismo em processo de socialização. Nos últimos anos, no entanto, o aumento de pesquisas sobre infância na área de ciências humanas tem sido notado. O esforço de conhecer as crianças brasileiras tem mobilizado o estudo e a reflexão de muitos pesquisadores.

Tendo como base as discussões realizadas nos encontros semanais do grupo de pesquisa Observatório da Mídia Infantil, elaboramos algumas reflexões sobre a categoria infância e sobre a metodologia utilizada na pesquisa com crianças. Analisaremos também os dados ilustrativos dessa pesquisa.

A infância como uma construção social

A ideia de infância não existiu sempre e da mesma maneira. Ela surge na sociedade moderna, na medida em que mudam a inserção e o papel social da criança na comunidade KRAMER, 1996). Na Idade Média, por exemplo, o conceito de infância como uma classificação específica de seres humanos que necessitam de cuidados especiais diferentes daqueles destinados aos adultos não havia ainda sido desenvolvido:

> A idéia de infância é uma das grandes invenções da Renascença. Talvez a mais humanitária. Ao lado da ciência, do estado-nação e da liberdade de religião, a infância como estrutura social e como condição psicológica, surgiu por volta do século XVI e chegou refinada e fortalecida aos nossos dias. (POSTMAN, 2002, p. 12)

Sarmento (2005) afirma que a infância é historicamente construída com base em um processo de longa duração que lhe atribuiu um estatuto social e que elaborou as bases ideológicas, normativas e referenciais do seu lugar na sociedade. Esse processo é continuamente atualizado na prática social, nas interações entre crianças e entre as crianças e os adultos. Além de sua especificidade biopsicológica, as crianças são seres sociais que se diferenciam a partir das classes sociais, da etnia a que pertencem, da raça, do gênero, da região do mundo onde vivem.

Não só os adultos mas também as crianças devem ser vistas como uma multiplicidade de seres em formação, incompletos e dependentes. É necessário superar o mito do adulto independente e autônomo como se fosse possível sobreviver sem pertencer a uma complexa teia de interdependência. Nessa perspectiva, a socialização é vista de forma diferente do modelo de Durkheim, que remete as crianças para condição de seres pré-sociais, como objeto de um processo de inculcação de valores, normas de comportamento e de saberes úteis para o exercício futuro de práticas pertinentes (SARMENTO, 2005).

As culturas da infância se constituem nas produções culturais dos adultos para as crianças, bem como pelas produções culturais geradas pelas crianças em suas interações. Não são, portanto, apenas produto da indústria; são produtos de significações e ações produzidas pelas crianças, que estão enraizados na sociedade e nos modos de administração simbólica da infância. As crianças são vistas aqui como seres que negociam, compartilham com os adultos e com seus pares. Assim, mesmo que inseridas no mundo dos adultos, são atores sociais capazes de criar e modificar culturas:

> A infância é compreendida como uma construção social. Desse modo, ela fornece um quadro interpretativo que permite contextualizar os primeiros anos da vida humana. A infância é vista como fenômeno diferente da imaturidade biológica, não é mais um elemento natural ou universal dos grupos humanos, mas aparece como um componente específico tanto estrutural quanto cultural de um grande número de sociedades. (SIROTO, 2001 p. 13)

A infância não se constitui simplesmente como um momento precursor, mas como um componente da cultura e da sociedade. As crianças são ao mesmo tempo produtos e atores dos processos sociais, o que remete a uma inversão da noção clássica de socialização. Devemos, portanto, indagar sobre o que a criança cria nos processos de socialização.

Essa visão evidencia a maneira como as crianças negociam, compartilham com os adultos e com seus pares, inserem-se em práticas sociais, entre elas, a que é o objeto desta pesquisa, a mídia.

É importante ressaltar que 31,6% da população brasileira têm até 14 anos de idade (IBGE, 2007) e, ainda que as estatísticas mostrem uma desaceleração do crescimento da população na última década, as crianças e os jovens representam uma parcela significativa da sociedade. E, ainda que não faça parte oficialmente de um segmento economicamente ativo, a criança – principalmente a partir da década de 1980, quando se percebe o surgimento simultâneo de diversos programas infantis televisivos[2] –, passa a ser qualificada como interlocutora dos processos comunicativos midiáticos, como confirma Sampaio (2000, p. 147-148):

> Em meados da década de 80, verifica-se a explosão dos programas infantis e o crescimento de sua importância na mídia. Nas publicações especializadas da área de propaganda e marketing, a "síndrome infantil" é identificada. A criança e o adolescente deixam de ser uma questão de interesse particular de pais e educadores, tornando-se alvo do interesse da propaganda, da publicidade e do marketing. [...] Os programas infantis ofereceram às emissoras a chance de ampliar significativamente seu público. Não só o mercado infantil, no caso do Brasil, apresenta proporções gigantescas, como tem-se a possibilidade de comunicação com a família através dos programas infantis. A fórmula, do ponto de vista comercial, tem demonstrado ser um sucesso. Em torno da programação infantil das emissoras, movimenta-se um "mercado de milhões".

---

[2] Podemos citar como exemplo de programas televisivos surgidos nessa década o TV Criança (Bandeirantes), o Bozo (TVS), o Xou da Xuxa (Globo), o TV Fofão (Bandeirantes), o Dr. Cacareco e Cia. (Record), o Lupu Limpim Clapá Topô (Manchete).

Desde o início do século XX, já existiam no Brasil publicações destinadas às crianças (como, por exemplo, a primeira revista em quadrinhos Tico-Tico, datada a partir de 1905), porém, na década de 80, a criança parece ganhar visibilidade no espaço midiático. Não só acontece o surgimento de diversos programas infantis, mas também a utilização da criança em peças publicitárias que se destinam ao adulto é recorrente, o que pode sugerir a qualificação da criança também como influenciadora do consumo familiar. A criança deixa de ter um papel secundário e se torna protagonista de campanhas publicitárias. Campanhas nas quais a criança ocupa o papel principal, como, por exemplo, "Danoninho, vale por um bifinho", na década de 80, ou a campanha Mamíferos da Parmalat, veiculada mais tarde na década de 90, em que crianças se vestem com fantasias de animais, passaram a fazer parte do imaginário da sociedade brasileira.

De acordo com a pesquisa de Sampaio (2000) junto a publicitários, a utilização da criança como elemento constituinte do discurso persuasivo da publicidade se fundamenta nos seguintes pressupostos:

> 1) a criança ouve outra criança, ou seja, ela é particularmente sensível à interpelação de outra criança; 2) a criança tem um forte apelo emocional, ou nas palavras do criativo, ela tem um "apelo mágico" que emociona o adulto e o sensibiliza; 3) a criança pode contribuir para o rejuvenescimento da marca; 4) a criança tem empatia com os anunciantes, favorecendo a aprovação dos comerciais. (SAMPAIO, 2000, p. 153)

Portanto, além de consumidora, a criança é valorizada como influenciadora da decisão do adulto no ato de compra, o que é confirmado por Montigneaux (2003, p. 18), que defende que a criança é "uma população fortemente influenciadora, participante das decisões de compra de produtos e serviços que lhe dizem respeito diretamente ou que fazem parte do conjunto familiar. A criança não se contenta apenas em escolher os objetos para seu próprio uso, ela influencia também o consumo de toda a família. Sua influência ultrapassa, de longe, sua própria esfera de consumo".

Levando em consideração a relevância do papel da criança na sociedade e a sua influência nas práticas de consumo, buscamos construir uma metodologia para investigar a forma como a criança se apropria das informações veiculadas nos meios de comunicação, a partir da sua maneira de perceber o universo do consumo, tornando-as ou não parte do seu cotidiano e da sua construção como indivíduo.

A construção da metodologia

O trabalho de campo foi realizado em duas escolas de ensino fundamental do município de Belo Horizonte. Uma escola pública da rede municipal e uma da rede privada de ensino. Esse recorte compreende grupos significativos de diversidade socioeconômica, sendo crianças provenientes da classe popular e da classe média e média alta.

Ao eleger duas escolas, uma pública e a outra privada, focamos a atenção na diferença do público atendido em cada uma, definindo grupos de 20 crianças de cada escola, com faixa etária entre 6 e 10 anos, leitores e leitores iniciantes. Ao fazer tal escolha, tornou-se necessário considerar algumas diferenças existentes entre essas duas instituições educativas, o que traz implicações para a pesquisa.

Pode parecer dispensável falar das diferenças entre esses espaços tendo em vista um conhecimento já acumulado pela sociedade. É recorrente a distinção que se faz quando voltamos a atenção, por exemplo, para o público atendido em cada uma das escolas. Pode-se destacar também diferenças em relação ao perfil dos professores, a sua condição para o exercício da profissão nesses locais, seja por meio de concurso público, seja por meio de processo seletivo, suas condições de trabalho, o salário, a proposta pedagógica, a localização, se no centro da cidade, nas periferias, em vilas ou aglomerados, etc. Esses aspectos acabam por levar à definição de determinados padrões de qualidade de atendimento e dos serviços oferecidos por tais instituições. É importante destacar que não se pode comparar com rigor a qualidade do sistema público com o privado quando não se leva em conta pelo menos dois fatores: o primeiro relativo às condições socioeconômicas e culturais dos alunos, e o segundo voltados aos diferentes objetivos educacionais, o que envolve elementos materiais, humanos, técnicos e metodológicos disponíveis em cada ambiente. Essa qualidade precisa e deve ser referendada partindo-se da análise de todo um processo de trabalho e não só dos produtos oferecidos ou de seus resultados.

Ao eleger as duas escolas, esta pesquisa não enfocou nenhum aspecto relativo à concepção de trabalho pedagógico, a sua qualidade ou os serviços prestados às diferentes comunidades que delas participam. É importante destacar que não negamos o papel que uma escola possa ter e desenvolver no que diz respeito às relações estabelecidas entre as crianças e a mídia. O foco da pesquisa não se volta à escola, mas sim ao público por ela atendido. Ao escolher sujeitos com diferenças em relação à condição socioeconômica, crianças de escola pública e privada, levou-se em conta que haveria a diferença em usufruir determinados bens materiais e de consumo e também culturais. Destacamos aqui as diferentes oportunidades e o acesso a teatro, cinema, lazer, material de leitura, entre outros.

As discussões voltadas à infância e à mídia, bem como os dados obtidos, levam a nossa reflexão sobre a importância de reconhecer a escola como uma importante aliada para promover discussões sobre a mídia, na medida em que possibilitam a formação das crianças como sujeitos e cidadãos de direitos. Esse é outro objeto de estudo que merece investigação, mas não se constitui como foco desta pesquisa.

Por se constituir como espaço de rotina diária para as crianças, a escola foi um espaço facilitador para a coleta de dados. Toda a coleta foi realizada nas dependências das instituições, que possuíam garantida uma estrutura para os encontros com os grupos, bem como a circulação de comunicados e pedidos de autorização enviados aos pais.

Observou-se criteriosamente o aspecto relativo à localização de tais escolas. Isso foi relevante na medida em que voltamos a atenção para determinadas condições que fossem similares às duas instituições. Ainda que, atendendo a públicos distintos, essas necessariamente deveriam se localizar próximas a corredores de ônibus e às vias de fácil acesso à área central da cidade, sendo também acessível a hipermercados e shopping centers. Dessa forma, garantiram-se as mesmas condições aos sujeitos no sentido de ter o contato e a possibilidade de visualizar propagandas expostas em *outdoors, busdoors*, e também aquelas distribuídas em redes de hipermercados.

Ao serem identificadas tais escolas, foi realizado um levantamento de dados que pudesse fornecer informações relativas a determinadas condições socioculturais do público atendido, sujeitos da pesquisa. Um questionário, aplicado logo no início da pesquisa, pretendeu identificar e melhor caracterizar os sujeitos envolvidos. Dados referentes ao núcleo familiar, atividades extraescolares das crianças, consumo e acesso à leitura e à mídia impressa foram coletados. Esses dados permitiram dar maior visibilidade para determinadas condições em que estão expostas as crianças no seu cotidiano com as suas famílias. Foi possível identificar os locais em que circulam para fazer suas compras, as condições e oportunidades para o lazer, as brincadeiras das quais participam, bem como as demais atividades que realizam fora do horário escolar.

Todo o material publicitário utilizado para apresentar às crianças nos momentos de coleta de dados foi selecionado levando em conta os locais em que elas circulam. Além disso, foi utilizada a publicidade veiculada nas principais datas comemorativas e dirigida ao público infantil: Dia das Crianças, Páscoa, Natal e Volta às Aulas. Foram recolhidos panfletos de supermercados, de grandes magazines e lanchonetes; *outdoors*, *busdoors* foram fotografados; o suplemento infantil do Jornal Estado Minas e a revistinha da Turma da Mônica também fizeram parte do material recolhido. No processo da pesquisa, procurou-se respeitar o tempo da criança para manusear e expressar sua opinião. Os dados foram registrados em caderno de campo, gravados em áudio e em vídeo.

Durante o trabalho de campo, sentiu-se a necessidade de utilizar o recurso do desenho produzido pelas crianças para ampliar o diálogo delas com os pesquisadores, possibilitando maior interlocução com o material que lhes foi apresentado. Optou-se ao final de cada encontro, pelo uso do desenho logo após a reprodução dos vídeos com as propagandas e pela exposição às peças impressas. Foi pedido, primeiramente, um desenho livre, em seguida um desenho das duas peças que expressassem um dia de compras e também a peça publicitária que mais lhes chamou atenção. Acredita-se, portanto, que, por meio do desenho, a criança possa expressar sua compreensão polifônica do mundo, revelando assim um material rico para uma abordagem mais ampla dos dados obtidos:

> A criança denuncia o novo contexto do sempre igual. Ela conhece o mundo enquanto cria. Ao criar, a criança nos revela a verdade sempre provisória da realidade em que se encontra. Construindo seu universo particular no interior de um universo maior, ela é capaz de resgatar uma compreensão polifônica do mundo, devolvendo, por meio do jogo que estabelece na relação com os outros e com as coisas, os múltiplos sentidos que a realidade física e social pode adquirir. (ALGEBAILE, 1996, p. 129)

Para análise dos dados, foram utilizados os referenciais teóricos da análise da sociologia, da teoria da comunicação e da análise do discurso. Todos os dados foram analisados com base nos diferentes materiais expostos, estabelecendo-se uma relação entre eles, caracterizando cada grupo de crianças e buscando identificar as suas singularidades.

Análise dos dados obtidos

Os dados coletados nesta pesquisa constituem um *corpus* de natureza diversa já que inclui o levantamento das experiências socioculturais dos participantes, a exposição a peças da mídia impressa e eletrônica, ou seja, a recepção das peças pelas crianças e análise de determinadas peças publicitárias. Elegemos para este artigo apenas alguns exemplos que melhor caracterizam cada grupo e também as diferenças existentes entre eles, considerando-se as classes sociais distintas. Buscamos demonstrar ao leitor as peculiaridades existentes quando voltamos a atenção para a compreensão das relações entre a mídia e a criança.

Apresentamos assim alguns dados que melhor situam os sujeitos em relação a determinadas condições de uso e de contato com a escrita na sociedade, o que pôde ser conhecido através da organização de algumas perguntas sobre as experiências com diferente material de leitura. Em seguida, serão apresentados alguns desenhos das crianças confeccionados após a exposição a determinadas peças publicitárias impressas. Esses desenhos são acompanhados dos relatos feitos nos momentos em que foram expostas a tais peças. Buscou-se estabelecer uma interlocução entre os desenhos e esses relatos, determinando-se diferenças mais significativas quando comparados os dois grupos, o da escola pública e o da particular, e também compreender cada grupo separadamente. Por último, apresentamos dados referentes à exposição das crianças a peças da mídia eletrônica, veiculadas na televisão.

Em relação ao material escrito, as crianças da escola pública, em sua maioria, afirmam ler revistinhas e citam com frequência, a Turma Da Mônica, Sítio do Pica-Pau Amarelo e Chico Bento. O contato com tais revistas é quase sempre proporcionado pela escola e pela compra, que é feita pelas mães. Esses dados são similares ao que ocorre com as crianças da escola particular, o que diferencia é que essas afirmam adquirir as revistinhas através de seus pais e desconsideram a escola como um meio que lhes proporciona tal acesso. Os dados mostram que a escola pública é uma instância que garante o acesso das crianças a esse material, assegurando-lhes, de alguma forma, a leitura desse gênero textual. O mesmo ocorre com os livros de literatura infantil, uma outra fonte de leitura, citada pelas crianças e que é disponibilizada pela biblioteca escolar. Pode-se definir a escola como uma instância importante e significativa para garantir as condições de letramento[3] para essas crianças.

Um dado relevante refere-se ao suplemento do jornal destinado ao público infantil. As crianças da escola pública desconhecem esse material, afirmam nunca ter visto. Apenas uma criança afirmou conhecer um jornalzinho infantil que vem dentro do jornal da Igreja que frequenta. Diferentemente da escola pública, as crianças da escola particular são usuárias dos suplementos infantis e citam com frequência o Gurilândia, Globinho e Folhinha.

Em relação às leituras que frequentemente fazem, as crianças citam aquelas que envolvem ação, aventura, terror, incluindo os contos e as histórias infantis. As crianças da escola pública revelaram ter acesso a essa leitura por intermédio da biblioteca escolar. Além disso, citaram a leitura da Bíblia realizada em casa com seus familiares.

---

[3] O letramento tal como definido por Soares (1999) denota as condições de uso que fazemos da escrita e da leitura na sociedade e é visto como estado ou a condição que adquire um grupo social ou um indivíduo como consequência de ter-se apropriado do sistema escrito. Assim é considerado como sujeito letrado aquele que se envolve em práticas sociais de leitura e de escrita.

O acesso ao diferente material de leitura, revistinha e suplementos de jornais em que veiculam publicidade destinada a esse público ocorre de forma diferente. A circulação e a frequência de leitura pelas crianças da escola particular são superiores a da pública, o que nos remete a pensar sobre a importância de se propor e assegurar a diversidade e a qualidade de material escrito para as classes menos favorecidas.

A recepção das peças publicitárias pelas crianças

Este estudo possibilitou a discussão sobre a não homogeneização do consumo, que pode ser constatada a partir da apresentação das peças às crianças. Por exemplo, ocorreu o não reconhecimento de grandes marcas, como McDonald's, pelas crianças da escola pública, proporcionando, assim, o questionamento da existência de um público infantil homogêneo.

Entre as crianças da escola pública, pertencentes à classe mais baixa da sociedade, percebemos que essas se identificam como um ser social-infantil; as brincadeiras recorrentes são esconde-esconde, pega-pega, luta, etc... e algumas chegaram a citar que ficam em frente à TV somente quando estão de castigo. É importante destacar como a criança se percebe no mundo, pois algumas disseram não ser mais crianças, uma vez que ajudam nas tarefas de casa, como arrumar a cama, lavar vasilhas, limpar fogão. Brincadeira para elas é a brincadeira na rua, com os amigos fora de sua residência.

Já entre as crianças de classe média-alta, que são isoladas da violência urbana em seu apartamento ou casa, a brincadeira ocorre no próprio quarto, onde geralmente são expostas com mais frequência aos produtos da mídia e, consequentemente, tornam-se mais suscetíveis à sedução das marcas divulgadas nos meios de comunicação. Quando são apresentadas às peças de mídia eletrônica, pode-se verificar que essas crianças sabem os *jingles*, as frases dos anunciantes, até mesmo as imagens são antecipadas por elas. Uma criança disse gravar as propagandas para poder acompanhar e cantar. Assistir à televisão relaciona-se a ser mais "ligado", estar mais "por dentro" das coisas. Afinal, concordando com Montigneaux,

> [...] o relacionamento entre a marca e a criança não é uma comunicação de sentido único. Supostamente, há uma troca, uma interatividade. A relação deve ser entendida pela criança como algo vivo. A marca mobilizará a criança, solicitará sua curiosidade e estimulará sua imaginação. A criança deverá se colocar em ação, ler, descobrir, adivinhar [...]. (2003, p. 94)

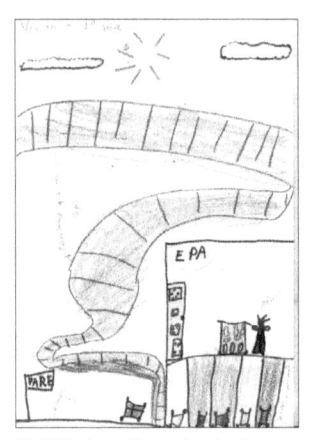

FIGURA 1 – Desenho do Epa

Mediante a exposição das peças publicitárias, as crianças de classe baixa se mostraram ligadas às necessidades diárias e familiares. A saída para as compras da família se constitui como uma forma de lazer. Nos desenhos desse grupo, reproduzidos abaixo, a representação do consumo está relacionada a lojas que não se direcionam exclusivamente ao público infantil, tais como supermercados, sapatarias e lojas de departamento.

O hábito de consumo dessas crianças está associado a aquisições familiares como roupas e utensílios domésticos. Sair às compras com a família com tal objetivo representa um momento de lazer, o que não é muito bem aceito pelas crianças da classe média-alta. Constatou-se que essas saem às compras, na maioria das vezes, apenas para a aquisição de produtos para si mesmos, como, por exemplo, para a compra de presentes ou brinquedos, ou seja, as crianças de classe média-alta saem às compras quando o produto a ser adquirido desperta grande interesse nelas: "Eu tenho toda a coleção", "Eu também quero".

Tais crianças manifestam maior identificação com as marcas, sejam essas de tênis, roupas, sejam essas até mesmo do lanche, que devem ter uma "grife", tal como nos relatos, "Meu presente tem que ser acima de R$ 100,00, se não eu não aceito". O destaque dado às marcas pode ser visto nas FIG. 2 e 3.

FIGURA 2

A "Hello Kitte" representada no desenho é uma personagem com uma gama muito grande de produtos licenciados, ou seja, de diversos fabricantes que adquiriram os direitos para reproduzi-la em material escolar, brinquedos, roupas, calçados. A PB Kids, ou, de acordo com a criança, "PBQUIDES", diz respeito a uma loja de brinquedos situada em um bairro de classe média-alta.

Dessa forma, o dia de compras é considerado como tal para essa criança, apenas quando ela é a consumidora, em contraposição à criança de uma classe social menos favorecida financeiramente, para a qual o consumo familiar é uma diversão. O desenho a seguir (FIG. 3) também reforça a identificação com as marcas e um individualismo de uma criança da classe média-alta, que, além de querer uma "Barbie on my sceane (sic)", uma "Polly cachoeira" e um "iPod", produtos bastante divulgados pela mídia, ela os quer só para ela, como se vê no texto "um computador só para mim".

FIGURA 3

Foi apresentada às crianças a embalagem do McDonald's, e essa causa às crianças de classe média alta certa euforia. Elas cantam os *jingles* e discutem quem já conseguiu terminar a coleção de brindes, como pode ser constatado nos seguintes comentários: "Engordei três quilos, mas consegui terminar a minha coleção de bichinhos". A marca e o produto McDonalds dentro desse universo representa *status*. O McDonalds é destacado nos desenhos, como se vê na FIG. 4.

FIGURA 4 - McDonald's

Percebe-se que, a cada novo lançamento, ocorre uma disputa entre as crianças para se saber quem obteve um maior consumo. É importante ressaltar que o mesmo não se observou no grupo de crianças menos favorecidas, embora se lembrassem da embalagem, verificou-se que as crianças não são consumidoras dos produtos McDonald's nem têm o desejo de consumi-los.

Peças televisivas, a infância e a autorregulamentação

Diversas peças publicitárias televisivas foram apresentadas às crianças, de acordo com uma seleção prévia, cujos critérios foram descritos anteriormente aqui no tópico de descrição da metodologia utilizada. Entre o material selecionado, em algumas das peças são utilizados recursos de computação gráfica que possibilitam a associação de personagens ao produto anunciado e a inserção desses ao universo infantil. Os personagens entram no provador de roupas da loja anunciante (como por exemplo: os diversos personagens da promoção Hora da Fuzarka Renner), participam da reunião de amigos (o gato do VT do chiclete Babaloo), das brincadeiras (boneca Barbie) e realizam os desejos das crianças (o gênio que atende às crianças na peça do anunciante Chamito).

Porém, apesar de a personagem pertencer ao universo infantil, a identificação da criança com essa pode ser uma tentativa de se aproximar da vida do adulto. Baseando-se em pesquisas realizadas na França sobre a recepção de tais personagens por crianças, Montigneaux afirma que

> [...] a identificação (da criança com a personagem) parece responder perante a criança a uma dupla preocupação:
> – ter acesso a uma vida material bem-sucedida, garantia, segundo ela, de felicidade,
> – adquirir a maturidade interior e a autonomia suficiente para enfrentar as dificuldades da vida e ascender ao status de adulto. (2003, p. 110)

Dessa forma, a personagem seria a personificação do mundo dos adultos, ao qual a criança passa a ter acesso de uma forma divertida, caricaturizada, adequada ao universo infantil. O gênio do Chamito pode ser uma forma de substituição dos pais, que atendem aos desejos dos filhos; já os diversos personagens da Renner poderiam representar as mães, que geralmente acompanham os filhos nas compras de roupas.

Pode-se perceber, entretanto, uma tentativa de aproximação mais evidente da criança em relação ao adolescente, ao jovem e ao adulto em peças publicitárias nas quais, de acordo com definição de Sampaio (2000), a criança é representada por meio da imagem de uma criança precoce. A autora descreve tal representação:

> Ela [a criança] assume, no comercial, concepções, atitudes e/ou visuais orientados a partir de modelos adultos. Faz comentários acerca da própria identidade, apaixona-se e/ou segue a moda jovem. Constitui, em certa medida, um tipo ambíguo. Revela, por um lado, a dimensão um tanto jocosa e ingênua da criança que procura se mostrar mais adulta e, por outro lado, a ação e/ou fato concreto que faz com que a criança assuma, efetivamente, esse posicionamento na publicidade. (2000, p. 219)

Essa juvenilização da criança se apresenta em comerciais, como da sandália Funny, em que um grupo de meninas retoca a maquiagem antes de descer do carro do pai, e, quando descem, têm uma postura de modelos em desfiles de moda para exibir sua sandália Funny de salto alto para um grupo de crianças, até mesmo lançando olhares marcadamente sedutores para os meninos que as observam com admiração. As crianças aqui assumem o papel de "adultos-mirins". Começando pelo produto que é inadequado ao uso infantil por ter salto alto, as pequenas atrizes se aproximam do universo adulto pelas roupas ao se maquiarem e ao participarem da simulação de um pequeno jogo de sedução, elementos que não pertencem ao universo infantil.

No VT da marca de roupa infantil Brandilli, um casal de crianças namora em um banco de uma praça virtual, criada por meio de desenho. A ambiguidade defendida por Sampaio (2000) é percebida nesse comercial: o casal de crianças se beija, em um cenário que na verdade é um desenho animado. Dessa forma, a sedução (o casal de crianças se beijando) é inserida no universo infantil (cenário em desenho animado).

Em outras peças, percebe-se a utilização de palavras com duplo sentido, como o tigre do McDonald's que se autodenomina como "um gato" e pede para ser levado para casa. "Gato" aqui pode tanto ser entendido como um animal de estimação quanto uma gíria utilizada na linguagem coloquial, ou seja, um homem bonito. Portanto, insinua-se aqui, de certa forma, a conquista amorosa, que, conforme promove o comercial, pode ser alcançada por meio do consumo do produto.

No entanto, a antecipação da descoberta da sexualidade não é um "privilégio" do discurso publicitário. Várias produções simbólicas veiculadas pela mídia eletrônica ou impressa, além de produtos de moda infantil, sugerem uma erotização precoce da criança, principalmente do sexo feminino, conforme defende Sampaio:

> Enquanto o desejo de crescer da criança menina se expressava, há menos de duas décadas, nas brincadeiras de vestir roupas e adereços da mãe que lhe sobravam nas pernas e braços, dando a ela uma aparência ainda mais inocente, essa criança dispõe hoje da produção de inúmeros artigos que fazem a "linha infantil adulta", conferindo-lhe um novo visual. Nas músicas e danças da criança alteram-se também letras e movimentos. As antigas músicas de roda com textos como "Ciranda, cirandinha", "O Cravo brigou com a Rosa", entre outros, acompanhadas por palmas e movimentos giratórios deram crescentemente lugar a músicas como "Dança do Bumbum", "Dança da Garrafa", "Dança do Pirulito" etc., que além de textos picantes apresentam coreografias apelativas. (2000, p. 202)

Todavia, apesar de essa "antecipação" não ocorrer apenas na publicidade, cabe lembrar que o discurso publicitário que constitui as peças publicitárias de anunciantes que sustentam os meios de comunicação é um discurso persuasivo por natureza, que, além de refletir aspectos da sociedade a qual se destina, também cria outros hábitos de consumo. No caso do público infantil, esse poder de sedução ainda é maior, uma vez que a criança não consegue discernir quando, por exemplo, a sua apresentadora de programa de TV preferida está transmitindo uma informação relevante para sua vida cotidiana de quando ela está simplesmente tentando convencê-la a comprar um produto.

À diversidade de estímulos que estão expostas as crianças impõe a essa pesquisa a necessidade de reconhecer a importância de órgãos que possam de alguma forma regulamentar a publicidade destinada ao público infantil. Destacamos aqui o Código de Auto-Regulamentação Publicitária (CONAR), que, no ano de 2006, incorporou algumas restrições no que diz respeito à propaganda direcionada a esse público. São elas:

- Dirigir apelo imperativo de consumo diretamente à criança;
- Impor a noção de que o consumo do produto proporciona superioridade ou sua falta, inferioridade;
- Provocar situações de constrangimento aos pais ou molestar terceiros com o propósito de impingir o consumo;
- Utilizar formato jornalístico, a fim de evitar que o anúncio seja confundido com notícia;
- Desmerecer valores sociais, tais como amizade, honestidade, justiça, generosidade e respeito a pessoas, animais e meio ambiente. (FOLHA DE S. PAULO, 2006, p. E3)

Dessa forma, os publicitários impõem limites para argumentações na propaganda, que influenciam as relações de sociabilidade da criança, de acordo com as quais apelos dirigidos às crianças como o hipnótico "Compre Baton, compre Baton" ou "eu tenho, você não tem" passam a não ser mais aceitos. No entanto, vale a pena apontar para duas questões. O CONAR é um código de autorregulamentação, ou seja, são os próprios publicitários que o determinam. Por razões possivelmente relacionadas com as limitações às possibilidades de criação de peças apelativas que conseguem com mais facilidade o retorno do investimento publicitário ao anunciante, apesar de serem um passo importante no sentido de regular a publicidade infantil, tais restrições não contemplam, por exemplo, a utilização da imagem da criança precoce, erotizada, discutida aqui.

Outra questão a ser apontada é se não seria o momento de, a exemplo de outros países, criar no Brasil uma lei que oficialmente regule não só a publicidade, mas também a programação infantil, que considere como crime à sociedade os casos abusivos? Será mesmo suficiente um código de autorregulamentação que não tem força de lei e que provavelmente nunca institucionalizará recomendações que vão ao encontro dos objetivos de comunicação do anunciante?

Acreditamos que a regulação efetiva das produções simbólicas veiculadas utilizando a criança e/ou direcionadas para o público infantil capazes de influenciar as relações sociais deve permanecer na pauta das discussões em um país onde as grandes diferenças sociais, o trabalho e a exploração sexual infantil fazem parte do cotidiano de boa parte de nossas crianças.

Considerações finais

As necessidades das crianças se apresentam de maneiras diferentes nos dois grupos pesquisados, o que remete ao conceito de infância como um processo continuamente atualizado e dependente das condições sociais, culturais e econômicas.

A interpretação das crianças a respeito de determinadas peças publicitárias nos revela também uma concepção de infância e de sociabilidade distintas para estes dois grupos. As crianças de classes menos favorecidas se tornam pequenos ajudantes das tarefas domésticas, e a brincadeira está relacionada ao convívio em grupo das brincadeiras de rua. Já as crianças de classe média-alta não são obrigadas a fazer qualquer tipo de trabalho e se isolam frequentemente em seu quarto com seus brinquedos tradicionais ou eletrônicos ou para se divertirem com a TV. Assim, se inicialmente tínhamos a hipótese de que o desejo de consumo (independentemente se ele se realiza ou não com a ação de compra) era criado de maneira indistinta para todas as crianças, não importando a classe social a que pertence, com os resultados obtidos pela pesquisa, percebemos que as crianças de classe média-alta são mais suscetíveis ao apelo da publicidade do que as crianças de classes menos favorecidas, visto que as primeiras são expostas com maior frequência a tais peças.

Os dados e as análises realizadas permitem a compreensão de como as crianças se posicionam ante as possibilidades de uso e de consumo de determinados produtos, quando expostas às produções simbólicas veiculadas pela mídia e destinadas à sua faixa etária. Uma reflexão importante diz respeito ao papel da sociedade e da escola. Em que sentido essas têm contribuído para a formação crítica desses cidadãos quando tomamos como eixo a mídia, a publicidade e as suas relações com o consumo e também com os desejos por elas incitados?

Ampliar espaços de diálogo e discussão com as crianças considerando-as como atores sociais é fundamental para maior compreensão do fenômeno que envolve relações entre a mídia e a infância.

Para manter os níveis de audiência e vender produtos, por vezes são criados "pequenos adultos" que se vestem como adultos, seduzem como adultos, porém não tem a maturidade de um adulto.

Temos de admitir que a infância de hoje não é simplesmente uma criação da mídia ou, mais especificamente, da publicidade. A própria sociedade brasileira a promove ao aprovar que a criança use roupas sensuais ou mesmo permitir o trabalho infantil, sem maiores reflexões.

A publicidade no Brasil contribui para reforçar a imagem da criança precoce como uma imagem positiva. Mas o que pode haver de positivo nessa precocidade que antecipa o fim da infância, que erotiza a criança que ainda não tem maturidade suficiente para compreender o significado de rebolar até o bico de uma garrafa? Pode ser positivo para o anunciante, mas até que ponto é necessário utilizar estratégias tão apelativas em relação ao sexo para vender produtos? Que infância temos hoje? Que infância desejamos?

Acreditamos que, enquanto não houver uma discussão ética promovida pelos órgãos públicos competentes e envolvendo toda a sociedade, a infância corre o risco de se configurar como mais um segmento de mercado e um mero receptor de interesses comerciais.

Referências

ALGEBAILE, Maria Angélica. Entrelaçando vozes infantis: uma pesquisa feita na escola pública. In: KRAMER, Sônia; LEITE, Maria Isabel (Orgs.). *Infância: fios e desafios da pesquisa*. Campinas: Papirus, 1996.

BROUGÈRE, Gille. *Brinquedo e cultura*. São Paulo: Cortez, 1995.

ECA – *Estatuto da Criança e do Adolescente (ECA)*. Disponível em: <http://www.eca.org.br/eca.htm> Acesso em: 4 abr. 2005.

FOLHA DE S. PAULO. *TVs infantis dizem vetar abuso*. São Paulo, 15 out. 2006, Caderno Ilustrada, p. E3.

IBGE. *Contagem da População 1996, microdados. Grupos de idade*. Disponível em: <http://www.ibge.gov.br>. Acesso em: jan. 2007.

KRAMER, Sônia.; LEITE, Maria Isabel (Orgs.). *Infância: fios e desafios da pesquisa*.Campinas: Papirus, 1996.

MONTIGNEAUX, Nicolas. *Público-alvo: crianças. A força dos personagens e do marketing para falar com o consumidor infantil*. Rio de Janeiro: Campus, 2003.

POSTMAN, Neil. *Desaparecimento da infância*. São Paulo: Graphia,1999.

SACRISTAN, J. Gimeno. Educação Pública: um modelo ameaçado. In: *Caderno Temático 1. O papel do Estado, da escola e da família na sociedade contemporânea*. PBH. Secretaria Municipal de Educação, Belo Horizonte, jan. 2000. p. 36-41.

SALGADO, Raquel Gonçalves; PEREIRA, Rita Marisa Ribes; SOUZA, Solange Jobim. Pela tela, pela janela: questões teóricas e práticas sobre infância e televisão. *Cadernos CEDES*, Campinas, v. 25, n. 65, p. 9-24, 2005.

SAMPAIO, Inês Silvia Vitorino. *Televisão, publicidade e infância*. São Paulo: Annablume, 2000.

SARMENTO, Manuel Jacinto. Geração e Alteridade: interrogações a partir da sociologia da infância. *Educação e Sociedade*, Campinas, v. 26. n. 91, maio/ago. 2005

A televisão e a criança que brinca[1]
Rogério Correia da Silva

Há muito tempo que a televisão desperta a atenção daqueles que estudam, pesquisam e convivem com as crianças, justamente pela forma intensa como essa se faz presente no cotidiano de sua infância. Tida como um dos importantes agentes socializadores, presenciamos a televisão tornar-se tema recorrente nas brincadeiras que as crianças realizam. Onde quer que as brincadeiras aconteçam, as crianças imitam muitas vezes os heróis de desenhos animados; usam com bastante familiaridade jargões, expressões de personagens da TV, especialmente dos programas infantis; dedicam sempre um espaço para a TV nos horários de bate-papo. Na escola, as crianças trazem para a sala de aula bonecos e bonecas de super-heróis, apresentadoras de TV, figurinhas, bem como outros brinquedos anunciados por esse veículo de comunicação. Por que a televisão desperta tanto o interesse e a curiosidade das crianças a ponto de tornar-se tão presente em sua vida?

---

[1] O presente texto trata do terceiro capítulo de minha dissertação de mestrado de mesmo título, reorientado com base em novas discussões que venho desenvolvendo em meu projeto de doutorado pela Faculdade de Educação, Universidade Federal de Minas Gerais.

Nos estudos que procuram investigar essa instigante relação entre a televisão e a criança, encontramos uma diversidade de questões e enfoques. Pesquisas que vão desde o levantamento sobre o tempo de permanência da criança diante da TV (relação que pode ser solitária ou em família), passando por estudos que investigam a percepção e a capacidade de a criança distinguir imagens televisivas reais das de ficção, até chegarmos aos estudos dos efeitos, que analisam a relação entre, por exemplo, a televisão e o desenvolvimento da linguagem e do pensamento da criança, ou de seu comportamento violento.

Os estudos que envolvem esta temática não escapam à aparição de modismos, à falta de distanciamento crítico necessário e não estão isentos de questões ideológicas e condicionamentos de toda ordem. Esse campo de pesquisa está sujeito às inúmeras contradições decorrentes dos desencontros entre os estudos sobre os processos de recepção televisiva por indivíduos e grupos sociais. Essa constatação nos revela a complexidade do objeto de pesquisa que apresenta recortes passíveis de ser investigados pelas várias ciências (antropologia, sociologia, psicologia, semiótica, entre outras), tornando-se quase impossível pensar na construção e utilização de paradigmas comuns. Numa revisão critica dessa literatura, descobrimos que muitas críticas atribuídas a TV estão baseadas em crenças e mitos de um telespectador passivo diante de um veículo onipotente. Esses estudos depositavam sobre a relação televisão e criança altas doses de preocupação com "os efeitos nocivos e muitas vezes imediatos que os produtos culturais televisivos teriam sobre o comportamento infantil". A concorrência da televisão com outras atividades importantes do cotidiano da criança, como o brincar; o comprometimento da linguagem e o desenvolvimento infantil; a promoção de mudanças em seu comportamento, estimulando a tolerância ou a violência; a não distinção entre o mundo real e o imaginário; os incentivos ao consumo de brinquedos são alguns dos exemplos. Atestamos nessas pesquisas o seu comprometimento com um paradigma comunicacional que enquadrava as crianças numa fórmula que as constrangiam, rígida e estática, dicotômica e linear. A esse tipo de investigação não caberia outra opção senão avaliar o grau de impacto que os efeitos televisivos teriam sobre as crianças.

Outro problema presente nessas pesquisas está ligado à própria concepção de socialização com que trabalham. Assim, as mesmas ideias de ordem, estabilidade, invariância e assujeitamento dos atores sociais – noções essas que modelaram o paradigma comunicacional clássico – estão também presentes nas respostas que os pesquisadores davam às perguntas sobre o que e como as crianças aprendiam em seu contato com a televisão. Vamos encontrar em Durkheim a configuração de tal termo, que seria definido como a ação de uma geração mais velha sobre a geração mais nova, algo recorrente em todas as sociedades e épocas históricas. A socialização aconteceria através da imposição e da coerção pelos adultos de normas e valores sociais sobre as crianças, visando a sua integração a uma sociedade já estabelecida. A suposição de que o ponto de chegada da socialização já era sabido (ou seja, o adulto) desestimulava o interesse no processo. O forte teor psicologizante desses estudos, focados excessivamente no individual e no biológico (quando valorizavam excessivamente questões comportamentais e desconheciam as crianças como pertencentes a determinados grupos sociais) como fruto da ação de sujeitos plenos (adultos) sobre sujeitos incompletos (crianças), mediados pelo meio televisivo, predominou no pensamento dos pesquisadores durante muitas décadas.

A crítica a essa noção de socialização foi feita por muitos autores em épocas diferentes, entre eles, Mayer (1973 *apud* PIRES, 2007). Segundo o autor, a socialização tem lugar durante toda a vida e ela não termina na infância. Isso sugere que tal processo é inconcluso e acontece também durante a vida adulta. Mudam-se com isso os lugares que ocupavam o adulto (completo) e criança (incompleto). Cohn (2002), ao refletir sobre o papel da criança nas pesquisas sobre as sociedades não ocidentais, analisa as mudanças que ocorreram no campo da antropologia, no que se refere à discussão da relação entre a criança, o desenvolvimento infantil e o seu processo de aprendizagem. De uma abordagem do universo infantil visando a sua integração na sociedade (numa concepção de uma ordem social estável), as pesquisas caminharam à procura de outra abordagem que levasse em conta a mudança social presente na ideia de socialização ao reconhecer a mudança no próprio processo de transmissão de conhecimentos de uma geração a outra, bem como a autonomia do próprio universo infantil. Para Silva (2002), o novo conceito de socialização reflete-se na própria ação das crianças como atores sociais ativos. Trata-se de uma

> Concepção dinâmica e historicizada de cultura, em que as crianças passam a ser consideradas seres plenos (e não adultos em potencial em miniatura), atores sociais ativos, capazes de criar um universo sócio-cultural como uma especificidade própria, produtor de uma reflexão crítica sobre o mundo dos adultos (SILVA, 2002, p. 20)
>
> O processo de socialização das crianças passa a ser visto como algo em que lhes são atribuídas o papel de construtoras de cultura. As crianças passam também a ser vistas como ativas na construção e determinação de suas próprias vidas, na vida daquelas que a cercam e das sociedades onde elas vivem. Socialização não seria simplesmente algo que acontecesse às crianças, mas sim um processo pelo qual as crianças, em interação com os outros, produzem a sua própria cultura e "eventualmente" reproduzem, entendem ou compartilham o mundo adulto. (CORSARO, 2005 apud PIRES, 2007)

Trazendo essa discussão para o nosso objeto de reflexão, as mudanças significativas nos estudos sobre a criança e a TV vão acontecer a partir da década de 90 do século passado. Novas pesquisas procuram minimizar ou mesmo rediscutir a relação entre a televisão e a criança, buscando identificar as muitas variáveis presentes no contexto da recepção (demográficas, econômicas e sociológicas) com o objetivo de descrever a complexidade do fenômeno, sendo para isso necessário um trabalho mais interdisciplinar. Entre os fatores que estão relacionados ao contexto da recepção televisiva, encontramos os agentes culturais (família, escola, etc.) e as influências dos fatores socializantes dos grupos primários (costumes, estilos e culturas grupais, posições sociais, níveis socioeconômicos, etc.) sobre o desenvolvimento cognitivo e social da criança. Pesquisas nesse enfoque procurariam compreender como crianças pré-escolares utilizariam suas experiências com os super-heróis em suas brincadeiras durante o recreio, ou aquelas que indicariam a TV como fornecedora de roteiros pelos quais as crianças podem padronizar seu comportamento perante outras situações de vida.

As práticas comunicacionais dessas crianças, oriundas dos vários contatos que elas estabelecem com outras pessoas e com outros ambientes, seriam outras referências a serem mescladas à recebida pela TV. As cenas de brincadeiras e brinquedos veiculadas pelas mídias estariam sendo recebidas pelas crianças a partir de um contexto de práticas comunicacionais em que está inserida, sendo desdobradas em seu cotidiano de contatos com outras pessoas e outros ambientes.

Nessa nova visão do processo comunicativo, televisão e criança atuariam muito além dos territórios preestabelecidos, sendo esses definidos como amplo espaço de interseção por meio de trocas e negociações contínuas e dinâmicas.

Como questionamos anteriormente, as discussões sobre os processos de recepção dos produtos televisivos pelos grupos infantis são inócuas e estéreis, se não se muda a visão que possuem sobre essas crianças. Em outra perspectiva, a criança é como um *aprendiz cultural* imerso na experiência do aprendizado da vida, na qual a comunicação de massa é parte, mas apenas parte, das influências culturais. Em outros termos, falar de crianças é falar de sujeitos determinados historicamente, produtores de cultura, seres de relações que estabelecem na família e nos vários outros grupos sociais.

Com base nessa explanação, propomos que os estudos das relações estabelecidas entre a criança e a televisão sejam parte de discussão mais ampla sobre os estudos da infância. Neste sentido, aquilo que ficou latente nos estudos anteriores como uma premissa, como algo já dado ou natural é para nós aquilo que necessitamos trazer à tona sob o risco de obscurecermos a discussão. Daí a importância de se discutir conceitos como "socialização", "infância" e "paradigma comunicacional". Encontraríamos, dessa forma, subsídios para analisarmos discussões mais recentes como aquela proposta por Postman (1999), sobre o desaparecimento da infância. Em seu livro de mesmo nome, o autor propõe a tese de que, com o crescimento dos meios de comunicação de massa, principalmente a TV, se estabeleceu o fim do controle e gestão por parte dos adultos sobre aquilo que a criança pode ou não ver ou aprender. Desta forma, dilui-se a linha divisória entre a infância e a vida adulta, já que as crianças através da TV teriam acesso ao mundo do adulto, demarcação essa que está na constituição do sentimento de infância na sociedade moderna.

Procuramos desenvolver um estudo valendo-nos dessas novas prerrogativas. Fizemos a escolha por um estudo de cunho mais etnográfico, voltado para análise do cotidiano de vida de crianças em que pudéssemos caracterizá-las como atores sociais, nossos informantes em potencial, não necessitando de outro tradutor ou mediador (seja ele a professora, os pais seja ele um especialista) na sua relação com a televisão e o pesquisador. O brincar da criança seria, ao mesmo tempo, uma das linguagens através da qual teríamos acesso aos modos como ela se relaciona com os produtos televisivos e como esses produtos se constituem um componente fundamental para a socialização infantil. Seria no brincar o momento em que presenciamos a criança como atores sociais, dimensões teórico-metodológicas que não são traduzidas em perspectivas que investigam a criança através de entrevistas. O brincar estabelece uma relação muito importante na socialização da criança, uma vez que se constitui num processo de apropriação criativa da informação do mundo adulto para produzir sua própria cultura. Trata-se de um processo de "reprodução interpretativa", na medida em que seria

> [...] reprodutivo, no sentido em que as crianças não só internalizam individualmente a cultura adulta que lhes é externa mas também se tornam parte da cultura adulta, i. é., contribuem para a sua reprodução através das negociações com adultos e da produção criativa de uma série de cultura de pares com outras crianças. (CORSARO, 2002, p. 115)

A presença da televisão nas brincadeiras das crianças na creche

Em 1998, pudemos realizar uma pesquisa que teve como objetivo analisar a presença da TV nas brincadeiras das crianças pequenas em uma instituição de Educação Infantil. Nesse espaço, observamos atentamente as conversas das crianças durante a realização de suas atividades diárias e os brinquedos que traziam para a sala ou, ainda, nas brincadeiras que desenvolviam, quando se apropriavam de alguns elementos da televisão. Além disso, foram aplicados questionários e realizadas entrevistas com as crianças, identificando as várias formas como elas se apropriavam dos conteúdos da TV em suas brincadeiras.

Procuramos desenvolver a pesquisa atentos a duas diretrizes fundamentais:

- Considerar a televisão como um produto a ser apropriado pelas crianças em suas brincadeiras, no contexto das interações que elas estabeleciam entre si, com os adultos e com a instituição;
- Garantir a presença da voz das crianças na pesquisa, através dos depoimentos colhidos durante a investigação.

Consideramos essas diretrizes como centrais na abordagem do tema e na condução da pesquisa, levando-se em conta nossa preocupação em tratar a presença da TV nas brincadeiras[2] das crianças pela ótica da criança que brinca.

A partir de agora, faremos uma breve descrição do espaço, da rotina realizada em sala de aula, das atividades mais significativas, das brincadeiras que aconteciam em uma turma de seis anos da creche pesquisada. Baseando-nos descrição do cotidiano dessa turma, procuramos analisar como os assuntos da televisão se fazem presentes principalmente em suas brincadeiras.

No primeiro mês de pesquisa na creche, concentramos nossa atenção na observação de sua rotina: o uso dos tempos e dos espaços, as atividades realizadas pelas crianças, a movimentação dos grupos de crianças pelos espaços livres da creche, as brincadeiras. Procuramos estabelecer contato com as educadoras e as crianças.

Ao participamos das brincadeiras, optamos por manter um comportamento reativo, ou seja, reagíamos em função do que as crianças demandavam, esperávamos que elas tomassem a iniciativa. Essas e outras orientações metodológicas estão presentes em artigo de Willian Corsaro[3] ao realizar pesquisa

---

[2] Definimos por brincadeira a ação ou expressão da criança, uma das formas principais em que ela constrói suas aprendizagens e conhecimentos. É quando se tem início a formação de seus processos de imaginação ativa, bem como se apropria das funções sociais e das normas de comportamento social. A criança reconstrói na brincadeira alguns elementos da realidade, a fim de que ela os compreenda segundo uma lógica própria. Durante o brincar, a criança formula hipóteses, para que possa compreender os problemas que lhe são propostos pelas pessoas e pela realidade com a qual interage. Num espaço à margem da vida comum, obedecendo a regras criadas pelos sujeitos brincantes diante das situações inesperadas que vão surgindo, as crianças brincam com o sentido da realidade, mudando-o, transformando-o. Produto cultural dos grupos infantis.

[3] CORSARO nos conta que, em seu primeiro mês de observações dissimuladas pelos corredores, ou através de um aquário (sala de observação ligada à sala das crianças através de um espelho unilateral, permitindo ao pesquisador observar sem ser observado), percebeu que o comportamento de outros pesquisadores adultos diante

etnográfica em uma instituição infantil. Chegava até o espaço e aguardava que o contato inicial e o convite para brincar partissem das crianças. Nos primeiros dias na creche, a troca de olhares foi também o tipo de contato mais constante que estabelecemos com as crianças.

No primeiro mês, percorremos todas as salas da creche. Ao escolhemos a turma de seis anos para desenvolver a pesquisa, o que mais nos chamou a atenção na turma foi justamente a intensidade com que conversavam sobre assuntos ligados à TV. A turma da educadora era composta por 26 crianças de seis anos, sendo 14 meninas e 12 meninos.

Assim que chegávamos à sala e nos assentávamos, algumas crianças formavam um comitê de recepção. Paradas em nossa volta, contavam as novidades, as coisas que nós havíamos perdido no dia que havíamos faltado, abraçavam-nos e, entre outras coisas, convidavam-nos para brincar. Nesses momentos, sentíamo-nos entre a cruz e a espada, pois não sabíamos se brincávamos ou se permanecíamos mais discretos, uma vez que percebíamos que a educadora já havia olhado algumas vezes em nossa direção. Acabávamos brincando, atentos para algum sinal que a educadora pronunciasse, quando aí interrompíamos a brincadeira.

Resgatando um pouco da rotina dessa turma, percebemos que a televisão se fazia presente nos brinquedos e outros objetos, nas músicas, nas conversas e nas brincadeiras das crianças. Essa presença acontecia de forma muito intensa.

---

das crianças era sempre ativo, quando os mesmos, para alcançarem os objetivos de suas pesquisas, convidavam as crianças para as brincadeiras, levando-as muitas vezes para salas-laboratório onde lhes aplicavam os testes. Segundo o autor, esse tipo de postura adultocêntrica (o adulto escolhe quando e de que brincar) enfatiza o olhar do adulto não dos interesses das crianças. Tentando não cometer os mesmos erros de outros pesquisadores, o pesquisador adotou alguns cuidados e algumas posturas que deveria evitar, como **nunca** iniciar ou terminar um episódio, reparar atividade interrompida, acalmar disputas e coordenar ou dirigir uma atividade.

A televisão povoava o imaginário das crianças e se relacionava às suas paixões, seus desejos e também a seus medos. Durante a realização das atividades, quando coloriam ou faziam algum exercício, juntas numa mesma mesa, as crianças conversavam entre si e aí os assuntos sobre a TV surgiam. A conversa esquentava, quebrando o silêncio da sala. As crianças queriam falar juntas, ao mesmo tempo, levantavam das cadeiras para poder ficar mais livres, usando o próprio corpo para descrever as cenas vistas na TV. Interpelavam o colega, comentando as passagens dos programas com as expressões "Você viu, fulano, quando o homem pegou assim...".

A educadora dizia que a televisão era um assunto rotineiro na sala de aula. As crianças constantemente a interrogavam sobre os programas a que assistiam, o que a deixava embaraçada, já que não tinha tempo nem hábito de assistir à TV.

Os assuntos das conversas variavam muito. Comentavam sobre os programas a que assistiam na TV: infantis, filmes, desenhos, programas de auditório e futebol. Costumavam discutir sobre as partes mais interessantes dos filmes e as descreviam com bastante entusiasmo. Entusiasmavam-se, por exemplo, com os temas relacionados ao fantástico, apresentados no *Programa do Ratinho,* como o homem grávido, outro que engolia cobra, agulhas e anéis. Também havia espaço para trocarem informações dos horários dos programas de seu interesse.

O intenso debate, muitas vezes, possibilitava o confronto entre as várias leituras que as crianças faziam sobre o assunto ao qual assistiam na televisão.

> Júlio pede pra eu desenhar o *Pumba.* Flávio, Júlio e Davi conversam sobre o *Timão* e o *Pumba.* Flávio dizendo que ele (Timão) não gosta de ser chamado de lagartixa. Davi e Flávio discordam sobre Pumba. Flávio diz que ele é um javali, Davi diz que é um porco espinho. (Diário de campo, quarta-feira, 22 de abril de 1998)

Fruto de muito entusiasmo e encantamento, a TV também era motivo de muito medo entre as crianças. Em momentos em que a educadora se dirigia com a turma para a sala de vídeo para assistirem a algum desenho ou filme alugado pela creche, algumas crianças recusavam-se a assisti-lo. Como o caso de um dos meninos que costumava chorar antes das sessões de vídeo, e a educadora acabava levando-o para a sala das crianças de cinco anos. Os motivos pelos quais determinados desenhos despertavam medo ou interesse nas crianças é para nós algo ainda a compreender. O que acontecia depois do filme também deve ser levado em conta, por exemplo, quando as outras crianças costumavam pregar peças nas mais medrosas:

> **Davi**: Tania tem medo do Batman!
>
> **Tania**: Não tenho medo não!
>
> **Davi**: O Batman é um morcegão! (Diário de campo, terça-feira, 14 de março, 1998)

Nos casos relatados acima, podemos perceber um pouco da trama formada pelas redes de interação que a criança estabelece na leitura de determinados produtos. O medo dos personagens do desenho se materializava através da brincadeira. Outro ponto importante era que não havia um limite entre as conversas e as brincadeiras.

O caso dos desenhos

Juliana, Luciana, Ana e Bruna coloriam o desenho de um urso soprando bolhas de sabão e, dentro das bolhas, letras e outros sinais (números, cifrão, quadrado). No fundo, uma música instrumental que tocava no rádio-gravador. Enquanto as meninas coloriam, elas conversavam entre si:

> **Luciana**: *Eliana quando veste de passarinho ela anda assim ó.* (sentada, pernas abertas, bate os pés como se caminhasse

e balança a cabeça). Ouço o comentário e me aproximo. Outras meninas na mesa pedem pra repetir. Luciana repete. Riem. Juliana repete o gesto. As meninas olham por debaixo da mesa para melhor observarem os movimentos de Luciana. (Diário de campo, quinta-feira, 23 de abril, 1998)

Luciana fez um comentário sobre um quadro do programa "Bom dia e Cia", da apresentadora Eliana, quando essa se vestia de passarinho. Seu comentário seguido de seus gestos, imitando a apresentadora, era engraçado, fazia as outras crianças rirem. O comentário de Luciana sobre o personagem de Eliana despertava uma brincadeira entre as crianças, que juntas imitavam os gestos de Luciana.

Chegamos à sala. Davi e um grupo de meninos nos deram a notícia de que iriam ter aula no sábado. Flávio corrigiu Davi e disse que, na verdade, quem iria ter aula no sábado era a educadora (que fazia pré-vestibular à noite). Essa notícia gerou uma sensação de alívio na turma:

Davi: Ainda bem, porque aí eu ia perder o *Street Fight*

Flávio: E eu ia perder o sangue.

Jefferson: E eu ia perder o *Batman*. (silêncio)

Flávio: E eu ia perder...(silêncio)

Davi: O *Street Fight? Mega Men?*... (Diário de campo, sexta-feira, 17 de abril, 1998)

A brincadeira foi interessante, as crianças verbalizavam a expressão que dava o mote para a brincadeira: "No sábado eu ia perder..." dizia a palavra-chave, ou seja, nomes de desenhos que lhes lembravam o que passava no sábado.

Em ambos os relatos, havia uma série de informações compartilhadas entre as crianças que dispensavam qualquer introdução. Para o grupo falar sobre uma pessoa de nome Eliana que se vestia de passarinho já era o suficiente para que as demais relacionassem o nome à apresentadora da TV.

As conversas e as brincadeiras sobre a TV entre as crianças compunham um verdadeiro "tecido". Denso, nele as crianças teciam suas tramas com bastante naturalidade e desenvoltura, pois compartilhavam de uma mesma vivência como telespectadoras, pontos também observados por Rezende (1998). As conversas adquiriam uma codificação, um segundo texto que passaria despercebido para quem não acompanhasse à TV. Era um verdadeiro *élan* que possibilitava a todos uma linguagem comum. As crianças mudavam de assunto como alguém muda de canal, sem muita cerimônia ou introdução a respeito do programa que gostariam de comentar. Essa rede de interação acontecia entre as crianças durante quase todos os momentos da aula, sem a participação da educadora, embora esta fosse muitas vezes convidada a participar das conversas. Sem esse canal estabelecido, tal tema permanecia marginal na sala; não fazia parte da rotina proposta pela educadora.

Entre a conversa sobre a TV e a brincadeira, existia uma linha muito tênue. A conversa sobre alguma cena, sobre um personagem, um gesto, seria identificada pelas crianças como o detonador da brincadeira. Esse convite, determinado através de um acordo e uma compreensão entre as crianças de que se tratava de uma brincadeira, é um aspecto comum a outras situações de brincadeiras, sem que a TV seja o assunto principal.

Quando tratamos das brincadeiras em que a televisão se fazia presente, a última estaria oferecendo referências comuns para as crianças, que, por sua vez, estariam orientando a série de decisões sucessivas que tomariam durante a brincadeira. Esse sistema de decisões expresso através de um conjunto de regras construiria um universo imaginário, partilhado ou partilhável com as demais crianças (BROUGÈRE, 1995). Desta forma, brincar do personagem, como, por exemplo, "Eliana vestida de passarinho", constituiria um universo lúdico cultural anterior à brincadeira e construído a partir do programa assistido pelas crianças, que, por seu turno, estaria orientando a tomada de decisão das crianças durante a brincadeira (a busca de imitar os gestos da apresentadora de TV).

O brinquedo presente nas brincadeiras das crianças na creche

A televisão se fazia presente nas brincadeiras das crianças a partir dos seus brinquedos,[4] fossem eles industrializados, fossem eles construídos por elas próprias com base nos programas a que assistiam. Havia pouquíssimos deles na instituição. Os parcos brinquedos trazidos pelas crianças refletiam a condição social do grupo estudado. Os meninos, mais que as meninas, traziam brinquedos para a creche. Os bonecos trazidos pelos meninos eram "bonecos do Paraguai", denominação utilizada por algumas crianças do grupo aos produtos comprados nas bancas dos camelôs da cidade, produtos de segunda linha, cujas imagens poucas vezes assemelhavam-se aos seus personagens televisivos. Mesmo assim, eram cultuados pelos demais e transformavam-se em verdadeiros enigmas, pois, embora Brougère (1995) os definisse como "imagens manipuláveis, rapidamente identificáveis pelas crianças", nem todos eram reconhecidos imediatamente, gerando com isso intermináveis discussões entre os meninos.

Na creche, pudemos presenciar muitos momentos de atividades mais livres, quando eram colocadas as músicas para as crianças dançarem. No parquinho de Madeira, na praça ou no pátio de entrada, não existia um local certo; lá se podia encontrar um grupo de meninas ensaiando a coreografia das

---

[4] Entendemos por brinquedo o objeto industrial ou manufaturado, reconhecido como tal pelo consumidor em potencial em função dos traços intrínsecos e do lugar a ele destinado no sistema social de objetos destinados à criança (BROUGÈRE, 1995).

músicas. Em sala, a educadora organizava as apresentações e realizava uma espécie de show de calouros. As crianças iam até o centro, dançavam e cantavam as músicas preferidas, quase sempre as Chiquititas e as músicas do grupo "É o Tchan". Na dança das Chiquititas, participavam meninos e meninas, mas, na do "É o Tchan", apenas as meninas. Quando as meninas dançavam, havia a que fazia o papel de mestre, dando a sequência dos passos a serem realizados às meninas que dançavam a seu lado, seguindo as mudanças dos comandos, e aquelas que ficavam a distância, acompanhando com os olhos e ensaiando alguns passos tímidos, enquanto observavam as demais dançarem. As crianças conheciam as letras e aprendiam as coreografias das danças na própria creche, durante as brincadeiras, com as colegas que já dominavam os passos aprendidos na TV.

Nos quatro meses em que permanecemos observando as crianças, registramos mais de 150 situações de brincadeiras, e, aproximadamente, 30 delas faziam referência à televisão, ou seja, 20% do total. As entrevistas com as crianças possibilitaram captar outros momentos fora da creche em que a televisão se fazia presente no cotidiano daquele grupo infantil.

O questionário e as entrevistas

A que tipo de programas as crianças costumavam assistir na televisão? Com quem elas assistiam? Quando assistiam? Qual importância as crianças davam ao ato de assistir à TV no seu cotidiano? Qual a opinião das crianças sobre os programas a que assistiam? Que brincadeiras as crianças costumavam brincar a partir da TV fora da creche? Que elementos eram mobilizados em seu discurso sobre essas brincadeiras? Como os personagens televisivos apareciam nas brincadeiras das crianças? Com relação aos brinquedos anunciados pela TV, quais despertavam os desejos nas crianças de possuí-lo? As crianças possuíam algum brinquedo anunciado pela TV? Como o adquiriram? Como brincavam com ele? Essas foram algumas das perguntas que fizemos às 26 crianças da turma do terceiro período da creche Maria Floripes, através de um questionário.

Revisar as pesquisas à procura de questões que pudessem nos auxiliar na construção de um perfil das crianças que pesquisamos e sua relação com a televisão nos pareceu um caminho interessante. Nesse sentido, o questionário foi construído valendo-se de uma revisão sobre a aplicação desse instrumento em pesquisas realizadas sobre o tema "Criança e Televisão" – Beraldi (1978), Emerique (1989), Grunauer (1990), Mello (1998), Pacheco (1985) e Rezende e Rezende (1993). No caso do trabalho de Fusari (1985), aproveitamos o roteiro da entrevista que havia sido aplicado às crianças e adaptamos as respostas dadas em forma de opções de múltipla escolha. Nessas pesquisas, encontramos a aplicação de questionários dirigidos às crianças, aos seus pais, a professores e a pesquisadores.

A organização do questionário estruturou-se por grupos de questões, dando destaque a: dados pessoais (nome, sexo, idade); dados sobre condições econômicas e materiais (moradia, quantidade e tipo de televisão que possuía em casa); sobre a família (com quem morava, idade e condição familiar de cada pessoa da casa); sobre o tempo e as condições de assistência à TV (quando, como, e com quem assistia e comentava sobre a TV); ao espaço que a TV ocupava dentro da rotina de atividades diárias, como tomar banho, comer, dormir, brincar, ajudar em casa, etc.; dos tipos de programa a que preferia assistir e também o que não gostava, justificando o motivo; sobre as brincadeiras que realizava a partir da televisão, brinquedos que via na TV, sobre personagens televisivos. As perguntas foram apresentadas em forma de entrevista semiestruturada, dando margem a descoberta de novas informações. Por isso, a primeira pergunta pedia à criança que dissesse se costumava brincar com alguma brincadeira da televisão. Na segunda, aproveitamos uma brincadeira que observamos em sala de aula, que consistia em se imaginar sendo alguém da TV. Perguntávamos quem gostaria de ser e o que faria. A fim de saber sobre a influência da TV na compra de brinquedos, perguntávamos se já havia ganhado ou se gostaria de ganhar algum brinquedo anunciado pela TV. As entrevistas foram gravadas, transcritas e analisadas.

Saber um pouco mais sobre o espaço da TV no cotidiano dessas 26 crianças serviria também como contraponto para as observações de campo.

A proposta inicial da pesquisa tinha como objetivo selecionar dois grupos menores de mais ou menos quatro crianças cada, sendo um grupo de crianças em que a televisão estivesse mais presente em seu cotidiano (cita muitos programas, possui muitos brinquedos anunciados, brinca a partir daquilo que assiste) e outro de crianças em que a TV não estivesse tão presente. Separaríamos assim dois grupos: o da pesquisa e o grupo controle. Após separar os grupos, realizaríamos então uma segunda bateria de entrevistas e os acompanharíamos em suas brincadeiras.

Acerca da importância que o ato de assistir à TV ocupava no cotidiano das crianças, das 78 atividades que as crianças relataram "brincar" constituiria a atividade mais significativa, seguida de "comer, dormir e descansar". "Assistir à televisão" aparecia em quinto lugar, juntamente com as atividades de "limpeza pessoal". Podemos concluir parcialmente que, em nosso grupo de estudo, a TV não conformava uma atividade significativa a ponto de ser lembrada e verbalizada pela criança como uma atividade importante de seu dia a dia. Isso não quer dizer que essa não seja a atividade mais realizada pelas crianças, já que a questão não nos permitia saber qual a frequência ou a intensidade com que assistiam à televisão.

A maioria das crianças disse possuir até dois televisores em casa. Um fato curioso dessa questão foi que algumas crianças tendiam a computar todas as TVs presentes "no terreno" onde morava toda sua família, ou seja, incluíam os televisores dos tios, das tias e dos avós. Nesses casos, costumavam ser essas casas também locais onde as crianças acostumavam assistir à TV com frequência.

A presença de companhia durante o período que permaneciam frente à TV sugeriu momentos distintos da recepção televisiva. A hipótese que levantamos ao identificar as práticas de recepção televisiva da criança pode ser definida da seguinte forma: esse momento constitui um elemento a mais a ser levado em consideração quando tratamos da produção de sentido daquilo a que a criança assistia. Ou seja, havia uma intenção de identificar perfis de crianças a partir da assimilação de um dos aspectos dessa relação que elas estabeleciam com a televisão. Pensando nos extremos, teríamos de um lado o perfil da criança que assistia à TV em companhia de alguém (adulto ou criança) e do outro uma criança que teria a prática de assistir à TV como um ato solitário. Sobre a última, recaíam outras hipóteses que sugeriam que a mesma estaria mais vulnerável aos efeitos televisivos. Não foi o que constatamos. Assistir à televisão para esse grupo denotava mais uma prática coletiva do que solitária.

A maior parte costumava assistir à TV em companhia de outras crianças, sendo os irmãos as companhias mais frequentes.

Sobre o horário de assistir à TV, a maioria das crianças preferia assistir na parte da manhã. Foi nesse horário que encontramos a maior parte dos programas voltados para o público infantil. Desses, o desenho animado constituía o principal produto cultural assistido pelo grupo, seguido do filme.

Quando se tratava de saber quem ligava a TV em casa para que a criança assistisse aos programas, descobrimos que os adultos tinham um controle sobre o ato de ligar o aparelho. Isso reforça mais uma vez o ato de assistir à TV como uma atividade em grupo, mas também sugere um controle por parte do adulto dessa atividade. Se não levamos em consideração os momentos em que a criança assiste à TV com a presença ou não dos adultos, não poderemos saber se depende do contexto ou não.

Embora os adultos tivessem controle sobre o ato de ligar a TV, isso não garantia o controle sobre a programação a que a criança assistia. Havia pouca interferência dos pais nesse momento. A presença de mais de uma TV em casa evitava o conflito entre as crianças e os adultos. Quando as crianças assistiam à TV, elas mesmas escolhiam o canal a que iriam assistir. Na presença de seus irmãos e irmãs, disputavam com eles o controle remoto.

Dos brinquedos anunciados pela TV que as crianças possuem e brincam

Das vinte e seis crianças entrevistadas, dezessete disseram possuir e brincar com brinquedos anunciados pela TV. Foram registrados trinta e seis brinquedos ao todo, o que sugere que algumas das crianças possuíam mais de um brinquedo. Desse grupo, nove eram meninos e oito meninas. Todavia, quando dividimos os 36 brinquedos entre os dois grupos, verificamos que os meninos possuíam mais brinquedos, chegando a 21, contra 14 das meninas. Dos tipos de brinquedo relatados pelas crianças, os bonecos e bonecas, totalizam 26 produtos e são a maioria, representando 74,2 % do total. Outros tipos, como os brinquedos de ação e movimento (quatro brinquedos ou 11,4%), videogames (11,4%) e brinquedo de jogos teatrais (3%) também fazem parte da lista. A variedade maior de brinquedos estava entre os meninos que possuíam, além dos bonecos, os videogames, os brinquedos de ação e de fantasia. No grupo das meninas, com exceção de uma bola, todos os demais eram bonecas e bonecos.

Tendo em vista os brinquedos indicados pelas crianças, percebemos que os desenhos animados compunham o principal produto cultural televisivo a que esses brinquedos faziam referência.

Outros produtos televisivos eram representados a partir dos brinquedos, como os filmes e as novelas voltados para o público infantil (novela Chiquititas, Bananas de Pijamas, Power Rangers), brinquedos que levavam o nome de apresentadores de programas televisivos (no caso o apresentador do SBT, Augusto Liberato, conhecido também como Gugu) e, por último, os brinquedos que eram anunciados pela TV através das propagandas, tendo somente essa como referência. Muitos desses desenhos, filmes e novelas faziam parte da grade de programação das tevês comerciais na época da pesquisa.

O que chamava a atenção nos brinquedos adquiridos pelos meninos era a referência que faziam aos seus universos culturais de origem. A maioria dos bonecos possuía imagens e representações culturais de guerreiros, lutadores, super-heróis, representando o universo cultural em que predominava a força, as batalhas, as aventuras, as viagens, os desafios. Os personagens eram, em sua maioria, masculinos, apresentando corpos musculosos, armaduras, armas e poderes supra-humanos. Era o caso dos bonecos dos Samurais Warriors, Batman, Homem-Aranha, Power Rangers, Shurato e os videogames do Street Fighter e Mortal Kombate. No universo cultural dos brinquedos das meninas, verificamos uma tendência a representar mais o universo doméstico, do afetivo e introspectivo da casa, da família e da escola (Bananas de Pijama, Piu-Piu e Chiquititas), do tema ligado à infância (Mônica, Anjinhos do Gugu) e com a presença de seres imaginários antropomórficos, como frutas e animais que falam (Bananas de Pijama, Piu-Piu, Donald). Os bonecos e as bonecas apresentavam traços mais suaves e arredondados, que buscavam uma simplificação e esquematização dos personagens que representavam. A desproporção das partes do corpo – como Mônica, Baby Barriguinha, Cambalhotinha, Chiquititas e o Piu-Piu, que possuem uma cabeça enorme, olhos grandes, cores suaves – davam ao brinquedo certo ar infantil, ou melhor, representavam uma infância mais idílica, ingênua, inocente. Nessa descrição dos brinquedos das meninas, foge à regra a boneca da Barbie, que representava uma mulher entre vinte e trinta anos, esbelta, rica, independente. Já outras bonecas representavam a mulher em várias faixas de idade: bebê, menina e mulher.

Dos brinquedos que as crianças disseram possuir e brincar, poucos se fizeram presentes na creche. Em sua maioria, bonecos foram trazidos pelos meninos. Super-Homem, Samurai Warrior, Máscara, Tazzos da Chips e dos chicletes Ping-Pong com personagens do Tyno Toon foram os objetos registrados. Se considerarmos que o número de brinquedos que eram trazidos pelas crianças às sextas-feiras também não eram muitos, esse dado não serve como parâmetro para avaliar quantos brinquedos as crianças possuíam com essas características. O que se pode discorrer é sobre o impacto que esses brinquedos tinham sobre elas. Apesar de poucos, os brinquedos sempre provocavam alvoroço, na sexta-feira, "dia do brinquedo". Observávamos os bonecos passarem de mão em mão entre os meninos da sala.

Alguns brinquedos eram de fácil identificação por parte dos meninos e, apesar de as roupas que vestiam ser diferentes das imagens que estávamos acostumados a ver na TV, as crianças os reconheciam. Foi assim com dois dos bonecos: o Super-Homem e o Máscara. O primeiro, diferente da roupa azul e da capa vermelha com a qual estamos acostumados a vê-lo; o menino trazia nas mãos um boneco feito de borracha com uma roupa toda preta, de colete, com um corte de cabelos bem estilizado, lembrando um estilo mais "punk" do super-herói. Só o identificamos pelo "S" que trazia no peito. Para quem acompanha as histórias em quadrinhos certamente compreende a mudança tão radical do personagem. Mas o que nos deixou impressionados foi que essas mudanças não atrapalhavam a criança continuar identificando o personagem. Algo semelhante ocorreu com o boneco Máscara. Havia nos surpreendido com as mudanças que o personagem havia sofrido na sua versão boneco. Estava bem mais forte e, diferente do seu tradicional terno amarelo, estava vestido de preto com uma arma em cada mão e uma mecha de cabelo amarelo formando um longo rabo de cavalo. A cabeça continuava inconfundível: verde. Mesmo assim, estranhamos. Seria o mesmo Máscara? – perguntamos para seu dono. Logo veio a explicação das mudanças. Sua roupa preta indicava que ele estava vestido de "ninja". "Mas e o cabelo?", indagamos. A resposta foi mais simples ainda. "O cabelo sai". Com um gesto, pegou o boneco e retirou o cabelo que estava encaixado. Além das referências que eram trazidas para as brincadeiras pelos personagens da TV, os próprios personagens eram alimentados periodicamente com novas imagens. Isso, por sua, vez não incomodava as crianças, que recebiam com naturalidade as mudanças.

O mesmo não acontecia com outros brinquedos que provocavam discussões intermináveis, justamente porque se tornava um desafio para as crianças identificar que personagem os brinquedos representavam.

> Eram dois bonecos, articulados, tinham mais ou menos 20 centímetros de altura. Eram de personagens masculinos. Brancos, jovens, corpos esbeltos vestiam uma espécie de armadura que cobria todo o corpo. Um portava uma armadura azul, outro verde. Provavelmente deveriam ser personagens de algum desenho, mas não os identifiquei. Perguntei então para um dos meninos quem eram aqueles bonecos. 'É o Power Rangiu' (alguma coisa assim) 'Power Ranger', respondeu outro menino do grupo. Os outros meninos discordaram, mas também não sabiam. O dono dos bonecos (de um, pois, o outro era de seu irmão) disse que se tratavam dos 'Samurai

Warriors' personagens do desenho de mesmo nome (que era exibido pela extinta TV Manchete). (Diário de Campo, sexta-feira, 13 de fevereiro, 1998)

Na creche a brinquedoteca também era um espaço em que as crianças manipulavam os brinquedos relacionados à televisão embora também fosse em número pequeno. Dos 758 brinquedos que a brinquedoteca possuía em seu acervo, 82 ou 16,8 % faziam referência a programas e personagens da TV.

O descompasso entre ter e querer o brinquedo era muito grande, pois, mesmo não o tendo, o desejo de possuí-lo era continuamente manifesto. A pesquisa de Emerique (1982) que tratou da televisão como incentivo ao consumo de brinquedos, incluiu crianças pertencentes às famílias que possuíam maior poder de compra e, no caso, atendiam aos pedidos de seus filhos. A tensão entre o desejo de querer o brinquedo e a realidade que o impede de possuí-lo nos parecia algo difícil para uma criança resolver sozinha. A brincadeira poderia ser muitas vezes a forma de ela solucionar seu desejo. Segue-se um trecho de uma entrevista realizada quando da pesquisa:

> **Rogério**:...o que você vê na televisão e dá vontade de brincar?
>
> **Daniela**: Brincar de comprar os brinquedos e lá "comprá" na loja, comprar e brincar.
>
> **Rogério**: Que brinquedo você tem vontade de ganhar?
>
> **Daniela**: Os ursinhos dos Bananas de Pijama, o fogãozinho de brinquedo.
>
> **Rogério**: Ah, sim, mais algum? "Cê" gostaria de comprar mais algum brinquedo?
>
> **Daniela**: "Comprá" sandália da Angélica como eu já vi na televisão... eu tenho vontade de comprar uma boneca, eu peço pra minha mãe pra "compra" pra mim agora, eu tô doida querendo uma Angélica e uma sandália dela.
>
> **Rogério**: "Cê" pede pra sua mãe. O que que sua mãe fala?

> **Daniela**: Ela fala assim 'eu não tenho dinheiro não, só quando eu tiver dinheiro eu compro pra você'. Isso que ela fala.
>
> **Rogério**: E ela costuma comprar?
>
> **Daniela**: Ham-ham. Ela falou assim que quando ela tiver ela vai comprar uma sandália da Angélica pra mim. Ela falou que tá precisando "comprá" uma sandália da Angélica pra mim. Ela falou que vai "comprá". (Entrevista com Daniela, abril de 1998)

No item referente aos produtos televisivos aos quais as crianças gostavam de assistir, encontramos respostas muito variadas e de difícil tabulação devido a pequena amostra de nossa pesquisa. Foi solicitado às crianças que indicassem três produções televisivas às quais gostavam de assistir com frequência. As respostas foram variadas, e as crianças responderam indicando desenhos e seriados infantis, novelas infantis e para adultos, programas infantis e programas de auditório voltados para a família. Os desenhos receberam as maiores indicações, sendo citados 33 vezes de um total de 68 respostas computadas (algumas crianças responderam parcialmente, não se lembravam dos nomes, ou apenas não quiseram responder). As novelas infantis ficaram em segundo lugar (nove indicações), seguidas dos programas infantis (oito indicações) e de auditório e seriado infantil (seis cada). Muitos dos desenhos seriados e novelas faziam parte da grade da programação de alguns programas infantis. A maioria dos desenhos, seriados infantis e programas indicados pelas crianças era transmitida pela TV de segunda a sexta-feira na parte da manhã. Isso confirma a resposta anterior, quando as crianças disseram assistir mais à TV nesse horário. Comparando a lista de brinquedos com a dos programas de TV, vemos a repetição de alguns produtos (Bananas de Pijama, Chiquititas, Mickey Mouse, Máscara, Pato Donald, Piu-Piu, Power Rangers, Rei Leão). Essa relação fica mais clara quando comparamos as respostas que as crianças deram com relação aos brinquedos que desejariam ganhar de presente. A relação fica mais estreita e vemos surgir dentre os brinquedos relatados muitos que fazem referência a programas a que as crianças disseram assistir.

Os brinquedos construídos e a televisão

Sobre os brinquedos que as crianças disseram brincar com base na TV, destacamos os "brinquedos construídos". As crianças relataram nas entrevistas aprenderem a construir brinquedos tendo em vista a TV. Construir brinquedos compunha um quadro apresentado por alguns programas infantis, assistidos pelas crianças. As apresentadoras ou os convidados do programa constroem brinquedos ensinando as crianças como fazê-los. Iniciam o quadro anunciando o brinquedo a ser construído. Alguns programas têm o cuidado de anunciar com antecedência o brinquedo (costuma ser no final do quadro, quando mencionam o brinquedo que vão construir no dia seguinte). Apresentam o material que será utilizado. Realizam a construção do brinquedo, passo a passo, em tempo real – sem a edição com o objetivo de reduzir o tempo que foi gasto na sua construção –, o material de que é feito, o tamanho e formato das peças, com enquadramentos de câmera fechados em close, nas peças e nas mãos das apresentadoras. São realizados rapidamente, e o material quase sempre é de fácil acesso e presente no universo doméstico e de crianças pré-escolares: cola, tesoura sem ponta, papel, material descartável, barbante.

Telefones feitos com copos de yogurte, tartarugas de papelão, trenzinhos de madeira, foguetes de cartolina, brinquedos que emitem som de animais, barcos de papel foram alguns dos brinquedos relatados. As crianças assistiam às apresentadoras construírem os brinquedos pela TV e então construíam em casa. As crianças fizeram menção a outros brinquedos transmitidos pelos programas infantis, mas costumavam queixar-se da dificuldade de construção desses, tanto do ponto de vista do material que não costumam ter em casa quanto das operações que realizavam. Uma estratégia relatada por uma das crianças na falta de material ou de vontade de ir imediatamente fazê-lo era prestar bastante atenção à apresentação para depois construí-lo.

Os brinquedos foram feitos pelas próprias crianças. Para a construção deles, as crianças buscavam auxílio de outras pessoas da casa, como o irmão, o pai e a mãe. Constituía uma atividade que integrava outras pessoas no objetivo comum. O brinquedo construído quase sempre era compartilhado com outra criança numa brincadeira, no caso o irmão ou a irmã. As crianças, como a apresentadora da TV, classificavam os brinquedos entre "brinquedos" e "experiências". As experiências são, por exemplo, brinquedos do tipo telefone feito com copos de yogurte e barbante. Relataram terem assistido à construção dos brinquedos no programa da Xuxa, da Eliana e da Jaqueline.

Como no exemplo do brinquedo construído por Luciana. Assistiu à Eliana construir em seu programa um telefone:

> Eu mandei a minha mãe comprar o iogurte. Aí eu bebi o iogurte, aí eu tirei a casca toda e lavei ele, e do meu irmão também. Aí eu fiz dois furinhos e pedi pra minha mãe ajudar né, a fazer o furinho, senão fura o dedo. Aí eu amarrei pro Léo falar alô, aí eu escutei. (Entrevista com Luciana, abril de 1998)

Construiu junto com seu irmão. O material que utilizaram foi linha e dois copos de yogurte. Fizeram em casa. Em certo estágio da construção, tiveram dificuldades (enfiar o barbante no pequeno furo feito no centro do copo), mas encontraram solução (aumentando o tamanho do furo no copo). Depois de construído, testaram a experiência, que funcionou.

Mesmo quando não construíam o brinquedo, algumas crianças relataram com extremo detalhe e precisão o brinquedo visto na TV. Como no caso do Trenzinho de madeira relatado por Diego, também visto no programa da Eliana. À medida que Diego relatava-nos sobre o trenzinho que vira, ia construindo-o na nossa frente, com as mãos, dando formas ao ar, em cima de uma carteira. Nos movimentos de suas mãos, procurava descrever o tamanho das peças, seu formato, a posição e o local onde eram colocadas no trem.

> A Eliana fez um pegou a madeira e fez um trenzinho... de pau, pegou a rodinha de pau, pegou um pau assim... e... igual aquele ali sabe assim [...] aí ela pegou colocou janelinha assim na frente colocou um pauzinho assim por trás pra "fufu" pra fumaça sair colocou um pau assim debaixo e colocou as rodinhas encaixadas nele. (Entrevista com Diego, março de 1998)

Recupera-se um pouco dos gestos com que Diego descreveu o brinquedo através dos "assim" que dizia, quando buscava dar a dimensão, o formato e a localização de cada peça. O detalhe e a precisão do relato de Diego revelam também algumas habilidades e conhecimentos que demonstrou possuir para estruturá-lo. Diego reconhecia a matéria de que foi feito o objeto; seguia uma sequência na apresentação do brinquedo; descrevia com bastantes detalhes as partes do brinquedo; usava de analogias dessas partes do brinquedo com outros objetos presentes na sala; descrevia com precisão; definia a finalidade de algumas peças; ao fazer uso de algumas expressões como "por traz", "da frente", "por baixo", bem como de diminutivos para descrever as peças ("janelinha", "pauzinho", "rodinha"), percebe-se que o menino demonstrava possuir uma visão tridimensional do objeto e também uma noção espacial no que se refere ao tamanho do brinquedo.

Nos relatos das crianças, algumas falas provenientes do discurso da apresentadora se faziam presentes. Por exemplo,

Luciana, quando descreveu o material do telefone: "Nós precisa de linha e de dois copinho de yogurte...", sendo a forma como uma das apresentadoras, a Eliana, começava a atividade e também nos cuidados no uso de ferramentas cortantes: "Aí eu fiz dois furinhos e pedi pra minha mãe ajudar, né, a fazer o furinho, senão fura o dedo [...] Senão eu furo o dedo com a faca".

O uso de *slogans* também é um recurso utilizado pelas crianças para fazerem referência a algum brinquedo da TV. Foi assim no mesmo sentido que Luciana, ao falar da boneca que gostaria de ganhar, disse que era a Papapapinha seguido de "que come tudo né...".

Muitos dos brinquedos enumerados pelas crianças são conhecidos como tradicionais, que já faziam parte do nosso folclore.

Algumas crianças, como Luciana, costumavam estar atentas às brincadeiras transmitidas pela TV e faziam desse hábito uma prática cotidiana. Assistiam ao programa para ver algum brinquedo interessante sendo construído.

As brincadeiras apresentadas na TV

Brincadeira da cadeira:

> **Meire**: a gente pega umas duas cadeiras, vai rodando, vai rodando, quando parar a música a gente senta, aí quem "sentá" aí ganha. Aí depois tira uma cadeira.
> **Rogério**: Hum, certo. E aonde você viu esta brincadeira da cadeira?
> **Meire**: Na Xuxa, uai! (Entrevista, março de 1998)

As crianças costumavam brincar com brincadeiras apresentadas pela televisão. As brincadeiras de que falamos aqui são estruturadas, com regras, e muitas vezes conhecidas pelas crianças e realizadas também na creche. Esconde-esconde, brincadeira das cadeiras, telefone sem fio, passar debaixo da cordinha, pular corda, músicas de roda, como Meu Pintinho Amarelinho e Atirei o Pau no Gato foram algumas das brincadeiras citadas.

As crianças declaravam se sentirem estimuladas a brincar de determinadas brincadeiras, no momento em que elas eram transmitidas pela TV. "Quando eu vi alguma coisa [...] algum desenho que eles tava só brincando, aí dá vontade de brincar também" (Tania, 6 anos).

A televisão apresentava-se como um estímulo para a realização de brincadeiras. Convidava, muitas vezes, as crianças a revisitarem seus antigos brinquedos.

> **Breno**: Eu vi na televisão... tem horas que passa uns "negócio" de montar vai aí eu brinco com a minha montação.
>
> **Rogério**: Ah! Certo, é propaganda o que é?
>
> **Breno**: É montação de pecinha; então tem pecinha lá em casa. (Entrevista, abril de 1998)

Existem outras categorias de brincadeira da televisão que aparecem nos relatos das crianças. São as brincadeiras construídas tendo como referência a televisão. A televisão aqui costumava sugerir temas para as brincadeiras das crianças. Muitas vezes, o próprio veículo, seus programas e propagandas se tornavam temas das brincadeiras. Na maioria das vezes, a televisão povoava o imaginário e as brincadeiras das crianças com seus personagens de novelas, super-heróis, que se apropriavam de suas tramas e enredos, possibilitando um ponto de partida comum entre as crianças já que assistiam a um mesmo produto, seja ele desenho animado, novela, filme, seja ele programa esportivo.

A brincadeira e a TV

Entre os meninos, as brincadeiras de "lutinha" com os brinquedos dos personagens dos desenhos animados eram as mais encontradas. Muitos deles possuíam os bonecos dos desenhos e, quando os manipulavam, reproduziam muitas vezes a estrutura apresentada nos desenhos: a luta, o confronto. Ao possuírem bonecos de personagens de desenhos diferentes durante a manipulação, organizavam as tramas das brincadeiras de forma a separar os bonecos em dois grupos opostos, sendo de um lado os heróis e do outro os adversários, os monstros. Três crianças disseram possuir mais de um boneco, personagem de desenhos.

Marcelo apresentou uma situação de brincadeira em que participava junto com seu primo Diego. Manipulavam três bonecos: *Samurai*[5], *Shurato*[6] e o *Macarrão*. Nessa composição

---

[5] O desenho animado *Samurai Warriors* conta a história de cinco garotos que defendem a Terra da invasão dos poderes do mal, lutando contra o que é chamada de "A Dinastia", guerreiros tão poderosos quantos os primeiros. Cada Samurai é identificado pela armadura, pelas armas que carrega (tchacos, arcos, tridentes, espadas) pelas expressões que pronunciam durante as batalhas e pelos golpes que aplicam. As armaduras possuem cor e desenho singular. Cada Samurai representa uma força da natureza. Assim, temos o cavaleiro da Terra, do Fogo, do Ar, da Água e da Luz. A cidade de Tóquio serve de cenário para o confronto entre os Samurais e os guerreiros da Dinastia.

[6] *Shurato, o rei Shura*, tem como herói um jovem de nome Shurato, que dá nome à série. Lutador de artes marciais, ele e seu amigo *Gai* são transmigrados (algo como reencarnar, ser transportado para outro lugar) para o Mundo Celestial, um cenário paradisíaco: muito verde, florestas com grandes ilhas de terra suspensas no ar de onde despencam lindas cascatas, produzindo vários arco-íris. Esse paraíso é habitado por pessoas que usam vestes que lembram togas gregas. *Vishinu* é a deusa que o governa. Uma conspiração contra Vishinu a transforma em pedra, fazendo com que o Mundo Celestial entre em colapso em direção à destruição total. Shurato é o principal suspeito. A partir daí, a história narra sua luta para retornar ao Palácio Celestial, provar sua inocência e impedir a destruição do lugar. Contra Shurato, quase todos os guardiões celestiais. Desenho com fortes citações da mitologia hindu: ícones de Buda, cabalas, templos indianos, ideogramas. Nomes de personagens como Shiva, Indra, Vishinu e a pronúncia de mantras estão presentes no desenho. Os guardiões celestiais também podem ser identificados através de suas armaduras, dos mantras que pronunciam, de seus golpes e jaquitis. As armaduras cobrem todo o corpo e representam animais: leopardo, leão, tigre, fênix. A armadura de Shurato tem a forma de um leão. Os mantras são pronunciados para a transformação do guardião preparando-o para a batalha, quando veste sua armadura ou para aplicação de seus golpes durante as lutas. Cada guardião possui o seu mantra e

de três bonecos, Marcelo estruturou uma trama que envolvia os três personagens: o *Samurai* unia-se ao *Shurato* para juntos baterem no *Macarrão*. Os dois primeiros bonecos eram personagens de dois desenhos japoneses distintos, transmitidos pela extinta Rede Manchete de Televisão.[7] No caso do boneco

> o guarda como segredo, pois somente ele pode pronunciá-lo. Quando não estão lutando, carregam sua armadura sob a forma de pequenas estatuetas denominadas "jaquiti", que possuem a forma dos animais de suas armaduras. Além de armadura, podem se transformar em uma plataforma voadora.
>
> Ambas as séries eram divididas em episódios, transmitidos pela rede Manchete. Cada episódio tinha um título e contava uma pequena aventura vivida pelos personagens, sem perder de vista a história principal. Sempre no início de cada episódio, uma voz em *off* e algumas rápidas cenas recuperavam em forma de síntese a história do desenho e os acontecimentos do último episódio.
>
> O ponto alto dos dois desenhos eram as batalhas. Nelas os golpes aplicados pelos cavaleiros eram devastadores, capazes de destruir o que encontravam pelo caminho, abrindo enormes crateras no chão, literalmente "pulverizando" o inimigo. Existia uma saturação de sons e imagens. As batalhas eram marcadas pelo intenso jogo de luzes, cenas rápidas, barulho de metal se chocando, um fundo musical também intenso, fortes expressões no rosto dos lutadores, acompanhadas de gritos de dor e de raiva, demonstrando um esforço sobre-humano despendido. Um recurso também utilizado nos desenhos estava na quebra do ritmo acelerado na apresentação de câmera lenta, utilizada para aumentar a dramaticidade das cenas (quando aplicavam algum golpe contra o adversário, por exemplo). No desenho a conquista maior só era conseguida através de muita dor e sacrifício. Valores morais como amizade, lealdade também eram valorizados.
>
> [7] Um tema bastante recorrente nas reportagens sobre os desenhos animados trata especificamente sobre a transmissão dos desenhos japoneses no Brasil. Não porque seja novidade, já que os *animes* (é assim como são conhecidos os desenhos animados do Japão) são transmitidos há mais ou menos 20 anos, mas porque aproximadamente desde o fenômeno Cavaleiros do Zodíaco, desenho que fez sucesso entre a garotada, houve uma retomada desse gênero de desenho com a entrada de novos produtos nas televisões brasileiras. Além de Shurato e Samurai Guerreiros, outros desenhos foram ou são transmitidos pelas emissoras de TV: Saylor Moon, Dragon Ball, Megamen, Super Campeões, As Guerreiras Mágicas, Yuyu Hakusho sendo o último também muito apreciado pelas crianças. Os desenhos japoneses são conhecidos pelos imensos olhos redondos, pela forte expressão facial e pelas cenas de luta de extrema violência. Este último item é o principal foco que gera polêmica. Alguns deles chegaram a ser proibidos em alguns países do Primeiro Mundo, como o Yuyu. Em momentos em que o tema violência, criança e televisão volta à cena, esses desenhos são alvos de muitas críticas. Há que se ressaltar que não existem conclusões sobre os efeitos destes programas no comportamento da criança.

Macarrão, Marcelo disse tratar de um personagem gordo ligado à luta.

Durante as brincadeiras com os bonecos, Marcelo escolhia o boneco *Samurai* enquanto Diego ficava com o *Macarrão*. Na brincadeira, Marcelo atribuiu qualidades e papéis aos bonecos. De um lado, o *Macarrão*, que, por ser gordo, seria qualificado como fraco, que *cai à-toa*, recebendo na luta o papel de quem levava a surra. Já o boneco *Samurai* (e podemos dizer isso também para o Shurato) seria qualificado como mais forte e por isso ocuparia na luta o papel de quem batia mais.

Na brincadeira com os bonecos, Marcelo apropriava-se tanto do tema quanto das imagens presentes nos dois bonecos referentes aos desenhos e utilizava-se delas em sua brincadeira. Podemos perceber isso pelas escolhas que fez dos papéis que os bonecos iam desempenhar na brincadeira. Em outros relatos quando são citados os mesmos personagens acrescentando o boneco dos *Power Rangers*, os bonecos ganhavam destaque e desempenhavam o papel de mais fortes e de estarem lutando contra "outros", fossem eles classificados dessa forma, fossem eles classificados como "monstros". As crianças reproduziam na brincadeira ou, em certa medida, utilizavam-se das referências dos desenhos animados para definir os papéis dos bonecos que manipulavam e construir assim as tramas de suas brincadeiras. Outra situação de reprodução da trama do desenho se fez presente no relato de Júlio sobre a brincadeira que realizou com os bonecos Samurai e Power Ranger:

> Eu fico brincando com o Samurai, o amigo dele, os outros bonecos que eu tenho é os monstros. Samurai é amigo de Power Ranger, do outro lado os outros bonecos são os monstros. (Entrevista com Júlio, abril de 1998)

Na brincadeira, a trama do desenho tornava-se um elemento tão forte que acabava por transformar os outros bonecos que Júlio dizia possuir em "monstros" para servirem de inimigos aos dois primeiros bonecos. Ao mesmo tempo em que reproduzia a trama, há a transformação dos outros bonecos (entre eles, boneco do Space Gan e robô), que recebem uma nova imagem. A brincadeira acaba por apresentar novos rostos aos personagens. O mesmo acontecia com o boneco Banana de Pijama, personagem de um programa de igual nome, que se vê envolvido numa brincadeira de casinha entre meninas, quando recebe o papel de "ursinho da boneca".

Júlio, assim como Marcelo, aproximava os dois bonecos pelas referências que traziam do programa da TV. Eles eram referência na brincadeira na medida em que os demais eram colocados na categoria "outros" e "monstros". Os outros bonecos entravam na trama da brincadeira numa posição necessária, mas secundária, já que os dois principais haviam sido escolhidos, faltando-lhes apenas o desafio, os inimigos.

Durante a brincadeira, algumas transformações ocorriam. A atribuição de laços de amizade entre os bonecos era uma delas. Outra coisa era a trama da história construída por Marcelo. Nela, Shurato e Samurai se unem para lutar com um oponente "mais fraco", o que é diferente de um "monstro".

Brincar de fazer TV

O fato novo que se apresenta nas brincadeiras em função da presença da televisão é o de essa se tornar o próprio tema da brincadeira. A televisão neste caso transforma-se em objeto de brincadeira, quando as crianças brincam de fazer TV. Diferente de outros elementos que as crianças se apropriam para realizar brincadeiras e cujas referências pertencem a outros espaços, o brincar de fazer TV só foi possível com o advento dela. Quando as crianças brincam de fazer TV ou, mais especificamente, quando brincam de algum programa de sua preferência, as crianças se esmeram em reproduzir o programa tal qual se apresenta na TV; existe uma série de escolhas a ser feitas sobre que elementos seriam a marca registrada do programa. Desta forma, a brincadeira começa ao buscarem reconstruir o universo do programa, utilizando-se do que a realidade lhes oferece. Na brincadeira, os objetos adquirem outros sentidos.

As crianças relatavam brincar de programas infantis e de comerciais televisivos que anunciam venda de brinquedos. Não se tratava apenas de brincar de algum programa da TV; as crianças esmeravam-se em fazer nas brincadeiras as mesmas coisas do programa.

> Ó, a *Xuxa*, eu fico fazendo diferente, que não tem gente e a *Angélica* também, mas agora **a Eliana eu faço tudo igual** [...] Porque na Eliana a gente pode brincar de "fazê" as coisas e tudo que "faiz" lá eu fico assistindo televisão e fico assistindo assim e tal aí depois que eu vou pensando assim na minha cabeça quando que eu via a *Eliana*, como que fez o desenho que ela fez, aí eu faço... (Juliana Laisa, 6 anos)
>
> aí eu falo assim... "a boneca das Chiquititas aí compre" **igual passa na propaganda** aí depois eu vou lá e compro. (Ana Paula, 6 anos)

As crianças, ao brincarem, identificam alguns elementos do programa e os transportam para a brincadeira. Na fala de Juliana, o auditório tanto podia ser visto como aquilo que ela identificava de diferente quando comparava os programas de Xuxa e Angélica com o programa da Eliana como também passava a ser o elemento a acrescentar em sua brincadeira. Isso também ficava claro quando relatava uma festa de aniversário de seu primo, ocasião em que havia muitas pessoas e foi possível brincar do programa da Angélica.

Outros elementos compunham o brincar com o programa da TV. Os gestos da apresentadora, a entonação da voz, a presença de cenário. Por exemplo, o Programa da Angélica, Juliana tornou-se a apresentadora, Angélica e elegeu como elementos para sua brincadeira as ações da apresentadora, como cantar, entonar a voz de forma diferente (quando a apresentadora propositadamente mudava de voz), falar ao microfone, dar brinquedo para as crianças. Utilizava de vários materiais para a realização da brincadeira, como também a escolha do local. A escada que possuía em casa servia para reconstruir o cenário do programa, e seus brinquedos eram usados para presentear as crianças. Nessa brincadeira, suas colegas participavam sendo as crianças que recebiam os presentes e também as "Paquitas",[8] como ajudantes da Angélica.

Na brincadeira de Programa da Xuxa, o quadro da "transformação" chamava-lhe bastante a atenção. Nesse quadro, uma pessoa da plateia era escolhida e recebia um tratamento de beleza com novas roupas, maquiadores e cabeleireiro do programa. Ao final, através de um efeito janela, a tela do vídeo era dividida ao meio e, lado a lado no visor da TV, eram mostradas a imagem congelada da pessoa antes do tratamento e depois, bem mais bonita.

> Rogério: Ah, cês fazem isso igualzinho? Ah! Tá, e quem que cês pegam pra fazer a transformação?
>
> Juliana: Eu pego a Tâmara, eu ponho a bochecha assim.
>
> Rogério: Aí cês faz... como é que cês fazem? Dá um jeito no cabelo dela, como é que é?
>
> Juliana: Eu pinto o cabelo dela.
>
> Rogério: Hum! Mais o quê? Pra deixar ela bonita, mais o que cê faz?
>
> Juliana: ...maquiagem, baton, rímel da mamãe, eu... vou e passo aqui, eu passo aqui também. (Entrevista, abril de 1998)

No caso de brincar de propaganda, Ana Paula anunciava a venda da boneca Mili da novela Chiquititas. Fazia

---

[8] "Paquitas" foi o termo criado para designar as ajudantes da apresentadora Xuxa, mas que Juliana utiliza genericamente como ajudante da apresentadora Angélica. As ajudantes das apresentadoras são presentes nos dois programas, por isso não nos arriscamos a dizer que se trata da apropriação de elementos de programas diferentes numa única brincadeira.

isso utilizando outro brinquedo, uma "televisãozinha" de plástico.

> Sabe, ela é de verdade não, ela liga sabe quando a gente aparece a cara atrás, parece a cara atrás a gente aí... ela é pequena não cabe a cara da gente, aí só fica assim, né, as partes. (Entrevista, abril de 1998)

Ana Paula era detalhista na apresentação da televisão de brinquedo. Seu tamanho diminuto condicionava alguns gestos da brincadeira. Comparava com o ato de aparecer na TV de verdade (com todo o corpo). Brincar de propaganda da boneca das Chiquititas era colocar-se atrás da televisão de plástico e anunciar o produto. Ana Paula, ao brincar, usava como referência a propaganda da boneca transmitida na televisão. Diferentemente da brincadeira dos programas infantis, Ana Paula brincava sozinha. Esse era o limite da sua brincadeira, pois, quando resolvia ir comprar a boneca, faltava-lhe uma companhia para dar continuidade à brincadeira.

Ainda mais uma vez...

Quando procuramos desenvolver um estudo sobre a presença da televisão nas brincadeiras das crianças, tínhamos como objetivo provocar algumas discussões que, embora em outros campos do conhecimento já fossem superadas, no que se refere aos estudos sobre a criança e a televisão, ainda demonstravam estar comprometidos com paradigmas arcaicos que atribuíam à televisão um poder imenso e à criança um assujeitamento total às mensagens televisivas. Esses novos referenciais teóricos nos possibilitaram revisitar um problema de pesquisa que no Brasil teve sua efervescência na década de 1970 e início da de 1980 para logo depois permanecer com poucas produções significativas até meados de 1996. A partir de 1996, encontramos alguns autores que rediscutiram a questão apresentando novas possibilidades de pesquisa, entre elas às que procuravam estudar a presença da TV na vida dessas crianças, com base em um estudo de cunho mais etnográfico, preocupado com o cotidiano, com os sentidos e significados produzidos pelo grupo de crianças que assistem à televisão. No lugar de uma comunicação unilateral televisão criança, arquitetavam o estabelecimento de complexas "redes de comunicação", atribuíram importante papel a outras instâncias socializadoras e aos agentes culturais (família, creche, educadora, seus vizinhos, outras crianças das mais diversas idades) com os quais a criança interagia e socializava-se. Essas instâncias de socialização seriam responsáveis pelo estabelecimento de filtros ou possibilitariam aos sujeitos o confronto com outras leituras, num interminável processo de ressignificação dos produtos culturais televisivos. Isso sem falar na história de vida do sujeito que por si só garantiria um modo particular de se apropriar de determinadas mensagens televisivas. Acima de tudo, esses estudos definem os sujeitos como produtores de cultura e atribuem ao processo de recepção televisiva uma forma de produção cultural. A cultura produzida pela criança possui sua particularidade e ganha destaque em relação à cultura do adulto. Embora estabeleça várias interfaces com ela, a primeira marca a particularidade da infância. As brincadeiras infantis são produções culturais desta chamada "cultura da criança". Na definição de Brougère (1995), a brincadeira constitui um espaço de socialização, de domínio da relação com o outro, de apropriação da cultura, do exercício da decisão e da invenção.

O tempo das crianças destinado à realização das brincadeiras também nos faz refletir sobre a presença que a TV ocupa no cotidiano delas. As brincadeiras podiam acontecer durante o momento de assistir à TV, ou imediatamente após. Entre a apresentação de um brinquedo sendo construído na TV e a sua construção pela criança podiam se passar dias. As crianças, ao brincarem com elementos capturados da televisão, podiam recuperar verdadeiros acontecimentos (dado o caráter singular que pode ter a construção de um brinquedo específico transmitido uma única vez pela TV), como também podiam realizar sínteses de programas a que assistiam diariamente recuperando seus elementos principais. O tempo destinado às brincadeiras ocupava grande parte do dia das crianças.

Com relação às companhias das brincadeiras, as crianças apresentam em seus relatos uma complexa rede de relações que estabelecem com outras crianças de idades diferentes, com irmãos, pais, outros parentes, com seus pares e com os adultos. Os estudos das brincadeiras, que buscam defini-la em seus aspectos estruturais (tempo e espaço de realização, companhia, temas), não dão conta de dois aspectos muito presentes, que são os conflitos e as interdições impostas pelos adultos.

Quando falamos de mudanças manifestas nas brincadeiras em função da presença da televisão no que se refere às hipóteses que apresentam a TV como tolhedora da criatividade da criança, fornecendo-lhe as tramas já prontas, incapacitando-a de criar outras tramas, vimos nos relatos uma capacidade grande de criação por parte da criança, que, para além de reproduzir aquilo que assiste na TV, deixa sua marca pessoal, construindo outras tramas em suas brincadeiras.

Ainda mais uma vez... difícil não nos lembrar das palavras de Walter Benjamin quando estamos perto de encerrar o presente texto. Ele fala da repetição como um elemento presente na brincadeira e da vontade de querer repetir a sensação prazerosa que aquele momento primeiro proporcionou. Seus escritos, durante toda a pesquisa, ecoaram em nossa cabeça, quando procurávamos dar voz às falas e às brincadeiras das crianças. Assistir à TV e brincar: uma parceria possível.

Referências

BENJAMIN, Walter. *Reflexões: a criança, o brinquedo, a educação*. Tradução de Marcus Vinícios M. São Paulo: Summus, 1984.

BERALDI, Maria José. *Televisão e desenho animado: o telespectador pré-escolar*. Dissertação (Mestrado em Psicologia) – Instituto de Psicologia, Universidade de São Paulo, São Paulo, 1978.

BROUGÈRE, Gilles. *Brinquedo e cultura*. Tradução de Gisela Wasjkop. São Paulo: Cortez, 1995.

BROUGERE, Gilles. A criança e a cultura Lúdica. In: KISHIMOTO, T. Morchida (Org.). *O Brincar e suas teorias*. São Paulo: Pioneira, 2002. p. 19-32.

CHARTIER, Roger. *A história cultural entre práticas e representações*. Tradução de Maria M. Galhardo. Lisboa: Difel, 1988.

COHN, Clarice. A criança, o aprendizado e a socialização na antropologia. In: SILVA, Aracy Lopes da *et al. Crianças Indígenas, Ensaios antropológicos*. São Paulo: Global, 2002. p. 64-99.

CORDELIAN, W.; GAITAN, Juan A.; OROZCO GOMES, Guillermo. A televisão e as crianças. *Comunicação & Educação*, São Paulo, v. 3, n. 7, p. 45-55, set./dez. 1996.

CORSARO, Willian. Entering the child's world research strategies for field entry and data collection in a preschool setting. In: GREEN, Judith L.; WALLAT, Cynthia. *Etnography and Language in Educational Settings*. Norwood: Ablex.

CORSARO, Willian. A reproduçao interpretativa no brincar ao "faz-de-conta" das crianças. *Revista Educação Sociedade e Culturas*, n. 17, p. 113-134, 2002.

EMERIQUE, Paulo Sergio. *Assistir, imitar e brincar: um estudo sobre a influência da televisão no comportamento de crianças pré-escolares*. Tese (Doutorado em Psicologia) – Instituto de Psicologia, Universidade de São Paulo, São Paulo, 1989.

FRANÇA, Vera R. V. *Reflexões sobre a comunicação – esse estranho objeto*. Belo Horizonte: FAFICH, s.d. (Mimeo.).

FUSARI, Maria F. de Rezende e. *O educador e o desenho animado que a criança vê na televisão*. São Paulo: Loyola, 1985.

FUSARI, Maria F. de Rezende e. Brincadeiras e brinquedos na TV para crianças: mobilizando opiniões de professores em formação inicial. In: KISHIMOTO, Tizuko M. (Org.). *Jogo, brinquedo, brincadeira e a educação*. São Paulo: Cortez, 1996. p. 143-164.

GEERTZ, Clifford. *A interpretação das culturas*. Rio de Janeiro: LTC, 1989.

HUIZINGA, J. *Homo Ludens*. 2. ed. São Paulo: Perspectiva, 1990.

JOBIM e SOUZA, Solange. *Infância e linguagem: Bakhtin, Vygotsky e Benjamin*. Campinas: Papirus, 1994.

MATTELART, A. e M. *Penser les médias*. Paris: La Découverte, 1986.

PACHECO, Elza Dias (Org.). *Televisão, criança, imaginário e educação*. Campinas: Papirus, 1998.

PIRES, Flávia. *Quem tem medo de mal-assombro: infância de crianças do sertão nordestino e sua relação com a religiosidade*. Tese (Doutorado). Rio de Janeiro; Museu Nacional, 2007.

POSTMAN, Neil. *O desaparecimento da Infância*. Rio de Janeiro: Graphia, 1999.

REZENDE, Nauro B.; REZENDE, Ana L. M. de. *A tevê e a criança que te vê*. 2. ed. São Paulo: Cortez, 1993.

ROCCO, Maria Thereza Fraga. Produções para crianças no cotidiano da TV e o cotidiano das práticas socioculturais de recepção: um diálogo em novos termos. In: PACHECO, Elza Dias (Org.). *Televisão, criança, imaginário e educação*: dilemas e diálogos. Campinas: Papirus, 1998. p. 125-133.

SARMENTO, Manuel Jacinto. As culturas da infância nas encruzilhadas da segunda modernidade. *Crianças e miúdos, perspectivas sócio-pedagógicas da infância na Educação*. Braga: Universidade do Minho, 2002.

SARMENTO, Manuel Jacinto. Imaginário e culturas da infância. In: ARAUJO, A. F.; ARAUJO, J. M. (Orgs.). *História, educação e imaginário*. Atas do IV colóquio. Braga: Universidade do Minho, 2003.

SILVA, Rogério Correia da. *A televisão sob o olhar da criança que brinca: a presença da televisão nas brincadeiras de crianças de uma creche comunitária.* Dissertação (Mestrado em Educação) – Faculdade de Educação, Universidade Federal de Minas Gerais, Belo Horizonte, 1999.

STEINBERG, Shirley R.; KINCHELOE, Joe L. *Cultura Infantil: a construção corporativa da infância.* Rio de Janeiro: Civilização Brasileira, 2001.

WAJSKOP, Gisela. *Brincar na pré-escola.* São Paulo: Cortez, 1995.

Bons motivos para gostar da televisão que sua criança gosta

Cláudio Márcio Magalhães

Introdução: Tiago e Pedro

Tiago,[1] oito anos, entrou com a mãe na escola de acompanhamento escolar. Tímido e obediente, sentou-se em silêncio enquanto sua mãe buscava informações sobre as aulas que ele teria para ajudar nas suas tarefas de escola.

Durante o preenchimento do cadastro com a atendente, permanecia calado, sentado ereto, postura de menino comportado, com os braços e as mãos entre os joelhos. Olhava discretamente ao redor, mas aguardava pacientemente a mãe decidir sobre seu destino. Sentamo-nos ao lado para puxar assunto e perguntamos sobre o que gostava de conversar. Deu os ombros, respondeu um curto "sei lá", mas sem ser grosseiro. A mãe, atenta, tentou ajudar:

> – Com a mamãe é assim também, quase não conta nada sobre ele.

Usamos algumas perguntas básicas que, na maioria das vezes, ajudam a quebrar o gelo, como "quais os melhores

---

[1] Os nomes são fictícios, mais para preservar os seus pais do que a eles próprios.

amigos da escola", "para que time ele torce". Tiago foi correspondendo timidamente, de forma receptiva. Disse que gostava de videogame, e perguntamos qual era o jogo preferido. Relatou-nos que era *Crash of The Titans*. Como não conhecia o *game*, pedimos para que ele explicasse como era.

A partir daí, o menino virou um tagarela. Explicou, nos mínimos detalhes, cada um dos personagens, seus poderes, seu caráter, qual a ligação entre um personagem e outro. Chegou a sair da segurança de sua cadeira para encenar os gestos, os golpes e a postura do personagem, diante de uma plateia atônita que incluía a mãe. Sem que nós perguntássemos, explicou por que se identificava mais com aquele personagem do que com o outro. Saiu da escola quase que empurrado (a mãe já tinha feito todos os procedimentos), e ainda falando sobre todas as minúcias de *Crash*.

O exemplo de Tiago é perfeitamente aplicado para os programas infantis, mesmo porque vários dos jogos preferidos da garotada são inspirados em programas de TV. Pedro deu provas disso quando, em uma mesa só com adultos, não conseguia que ninguém desse atenção para uma cartolina em forma de uma longa tira, onde, cuidadosamente, havia desenhado uma série de personagens, cada um mais esquisito que o outro. Pela quantidade de sujeitos e pela variedade de cores em cada vestimenta, era notório o trabalho que o garoto de sete anos tinha tido. Mas, infelizmente para ele, o máximo que conseguia tirar dos adultos era alguma admiração pela "criatividade" ou reconhecimento, não sem certo desdém, da ignorância de não ter a mínima ideia do que tudo aquilo representava.

Demos sorte, pois recentemente havíamos nos inteirado de um novo desenho que estava fazendo bastante sucesso. Perguntamos então ao Pedro se aqueles eram os personagens do *Ben 10*. O rosto do garoto se iluminou e, comprovado perante os demais adultos que havia uma perfeita lógica para aquela tira de cartolina tão arduamente trabalhada, foi nos explicando as características de cada um dos personagens, com tantos detalhes quanto Tiago e seu videogame.

Em ambos os casos, eram inúmeros detalhes que ficamos admirados pela criança guardar tantos pormenores. Era um conhecimento profundo de um mundo no qual era notória sua imersão. Os pais presentes não tinham a mínima ideia do que seus filhos falavam e não demonstraram qualquer intenção em se inteirar. Menosprezam *Crash* e *Ben 10* pelo que acreditam ser, um reles divertimento infantil de péssima extirpe, sem entender o que eles são na realidade: algo que suas crianças admiram, empenham-se e investem muito de si mesmo por um único motivo pessoal: porque gostam!

Gostar ou não gostar, eis a questão

Essa extensa introdução explica-se por si mesma: nós, adultos, pais e educadores, apesar de toda a atenção que damos às nossas crianças, ainda deixamos lacunas importantes de que não nos damos conta ou, pior, ignoramos simplesmente porque não queremos nos dar ao trabalho. Damos a necessária atenção para as coisas essenciais do cotidiano, associadas às questões comportamentais e de agendamento de horários. Mas relegamos aquela que poderia nos dar mais prazer e o melhor instrumento para nos relacionarmos com as nossas crianças: afinal, de que realmente as crianças gostam?

Mas vamos separar as coisas que, geralmente, não ficam separadas e, nessa nossa conversa, este escriba acredita ser o mal por trás de tudo. Há dois "gostares" (no mínimo, dirão os psicólogos) e a provocação da pergunta acima se refere a um gostar compromissado, que não é o mesmo do gostar fraternal. Gostar da mãe e do pai é meio que obrigatório. Se essa afirmação chocar demais os pais, pensem então que as suas crianças gostam de nós, mas não sabem muito bem o porquê. Mas é porque simplesmente não importa. O amor fraterno é construído a partir de relações preestabelecidas e sem muita necessidade de explicações. Obviamente, isso não desobriga os pais de uma série de atitudes, demonstrações exemplares e de afeto, que têm a função de manter e desenvolver o sentimento fraternal, a confiabilidade e a segurança que os filhos procuram nos pais. Mas é uma espécie de "pré-pago" sentimental.

Estamos falando aqui do "pós-pago". O gostar dessa nossa questão tem a ver com escolhas, opções, preferências, para as quais só se investe depois de conhecer e usufruir de seus benefícios. São, antes de tudo, no caso das crianças, as primeiras manifestações de autonomia, de apropriação do mundo de acordo com suas vontades e desejos. São escolhas feitas, em maior medida, a partir de um leque mais amplo de opções daquelas apresentadas pelos pais e pelos professores e, para quais, as crianças devem investir em si próprias para tomar suas decisões.

Certamente a influência dos adultos próximos é, muitas das vezes, determinante. Haja vista os filhos torcerem para o mesmo time do pai, as filhas usarem as roupas das mães. Nem sempre isso acontece, porque os jovens colocaram na balança os prós e os contras (somados ao contexto social onde interagem) e, nesses casos, acham que as opções dos pais não se encaixavam com suas necessidades e desejos. Relaxemos nós, adultos, portanto: nossa principal função é apresentar às nossas crianças o mundo. Mas, ao final, serão elas que se apropriaram dele da forma que melhor lhes agrada.

O gostar fraterno só dá sinal de vida na ausência. Para a grande tristeza dos pais, a nossa presença e o nosso esforço para cuidar dos nossos jovens não têm o agradecimento que julgamos ser merecedores justamente porque, na visão deles, "está no pacote". Sua falta apenas é sentida quando os pais ou os educadores deixam de dar aquilo que, a princípio, vem agregado à garantia oferecida por ter um adulto por perto: proteção, exemplo, referência, lealdade, confiança, informação correta.

E é aí que os pais e os professores se embananam no gostar "pós-pago": na nossa enorme parcela quando das escolhas dos filhos, em todos os casos decorrentes da lista de atributos agregada ao fato de sermos os adultos responsáveis. Os adultos se julgam – muitas vezes com razão – culpados pelas escolhas dos filhos. O risco da equação "meus filhos gostam ou podem gostar de coisas erradas por minha culpa" é colocar *todas* as coisas de que os seus filhos podem gostar ou não durante a vida na mesma fórmula. Não, não somos "culpados" por todas as escolhas, uma vez que as nossas crianças não vivem isolados do mundo somente em nossa presença. E temos que acrescentar naquela equação os demais elementos presentes no contexto social: a escola, os amigos, os demais parentes e, claro, os meios de comunicação, dos mais socialmente aceitos pela nossa geração, como os livros e os cultos religiosos, como os execrados, a televisão, o videogame, a internet.

Nesse amplo cenário, cabe aos pais e professores, novamente, apresentar o mundo de tal maneira que ajude à criança e ao jovem a desenvolver seu próprio filtro nesse manancial infinito de dados e informações. Para que ele, por conta própria, usando sua massa crítica, possa descartar 95% do que não interessa e usar os 5% que lhe podem ser úteis.

O problema é que os 5% deles nem sempre coincidem com os nossos 5%. Normal, resultante do equilíbrio das demais forças da equação. O que não nos tira a responsabilidade de sabermos ou tentarmos entender o de que as crianças e os jovens verdadeiramente gostam. Quantos de nós podemos responder a seguintes questões: qual a sua brincadeira preferida? E o seu brinquedo? Sei os motivos dessa escolha? Conheço os nomes dos seus melhores amigos na escola? Qual a cor mais bonita? O que eles mais gostam de fazer quando não têm nada para fazer? E, a mais difícil, qual o seu programa de televisão favorito e por quê? – Ora, aí exagerou! – retrucará um leitor adulto – porque colocar a televisão nisso? Saber das brincadeiras preferidas, dos coleguinhas e até da cor posso concordar, mas televisão? Só passa porcaria mesmo!

Responderemos nós: se o seu filho estiver na média dos garotos e garotas do mundo, ele passa mais tempo na frente da TV do que na maioria das atividades cotidianas e, certamente, mais tempo do que com você. Portanto, sem menosprezar aos outras preferências, essa tem muito mais importância do que os adultos gostariam que tivesse.

A avó e a TV

A partir de agora, vamos estabelecer alguns parâmetros que, nós adultos gostemos ou não, são fatos quase que incontestáveis. O primeiro deles: criança gosta de televisão. Não é somente aqui, mas em todo o mundo que, porventura, elas tenham acesso, permanecendo à frente da telinha uma média de 3 horas diárias (GROEBEL, 2002, p. 70-71).

Podemos espernear que isso acontece por uma série de motivos independentemente do gosto delas, como a urbanização, o trânsito, a violência, a ausência dos pais atarefados, a falta de opções de lazer. Tudo isso vai enfurnando os jovens em casa, é verdade, mas não é só. Mesmo com todos esses fatores, nas classes mais abastadas, dá-se sempre um jeito para a estruturação de uma agenda de executivo-mirim, como aulas de inglês, práticas esportivas, terapias, reforço escolar e umas visitinhas ao shopping. Mesmo as crianças de classes menos endinheiradas têm outras atividades extraclasse, em projetos sociais e educativos públicos, além de atividades domésticas que ajudam na organização familiar, como cuidar das crianças menores e arrumar a casa. Quando não, infelizmente, estão expostas ao puro trabalho infantil.

E, apesar de tudo isso, as crianças continuam assistindo à TV. E, se o fazem, é porque gostam. Alguém pergunta por quê? A tentação da primeira resposta é sempre tirarmos do fundo do baú a velha, mas ainda atuante, teoria da manipulação da mídia, como os fazedores de cabeça que vão estabelecer uma doutrina perniciosa na mente de nossos jovens. Afinal, é mais fácil jogar a nossa sensação de culpa no próprio aparelho, esse monte de fios que passa mais tempo com os nossos filhos do que com a gente. E esquecemos que o monte de fios é apenas um monte de fios que, assim como uma geladeira ou um micro-ondas, só funciona se ligarmos ou ensinamos alguém a usar. Notaram o verbo "ensinar"?

É porque a televisão é apenas um eletrodoméstico e, como tal, faz parte de toda a parafernália tecnológica que hoje se denomina lar. O estranho é que ensinamos às crianças a não abrir a geladeira depois do banho, prestamos muita atenção quando vão utilizar o micro-ondas, proibimo-lhes de mexer nas tomadas pelo risco do choque e determinamos que o uso do chuveiro tem limites. Mas a televisão fica ali, intocável, sem que determinemos regras, como se fosse uma pessoa e que pudéssemos, de alguma forma, ofendê-la e ela, sei lá, nos dar uma má resposta ou fazer algum tipo de represália.

A TV tem vida própria? Ela se reproduz sozinha? Liga-se sozinha quando a criança entra na sua sala? Repararam que somente ela tem um cômodo com o seu nome? A cozinha não é chamada de "cômodo da geladeira" nem o banheiro de "quarto do chuveiro". Mas temos "sala" ou "quarto" de televisão espalhados pelos quatro cantos. Há inúmeros autores dos diversos campos de conhecimento que sabem explicar esse fenômeno e, entre eles, recomendamos Joan Ferres (1996) e Dominique Wolton (1996) e a brasileira Maria Aparecida Baccega (2003). Mas, despretensiosamente e sendo um pouco ousados, gostaríamos de arriscar um palpite.

A lógica da TV é a mesma lógica da avó: os pais relutam, mas sem muita convicção, pois geralmente é a opção mais cômoda com quem deixar as crianças. Ficam preocupados quando se dirigem ao trabalho, para um jantar ou naquele triste momento que têm de trabalhar em casa. Por outro lado, também não deixam de ficar aliviados com a sensação de segurança que proporciona. O problema, angustiante para os pais, é que "vó" (e a TV) não é feita para educar, só para divertir. Você acredita que educou direitinho e aí vem a danada e deseduca, tira sua autoridade e aquilo que você construiu com tanto sacrifício, com caras feias, castigos, choros e birras, vai tudo por água abaixo. Mas as nossas avós nem se preocupavam. Diziam que educar era a obrigação dos pais, e elas já tinham feito a parte delas. Agora, elas só queriam "curtir" os netos, sem obrigação social nenhuma. E é o que a criança também quer da TV: passar um tempo, sem obrigação.

Está dado o dilema dos pais: precisam, acreditam que os avós e a TV atrapalham seu esforço de educação, mas não conseguem ver saída. Bom, partindo do pressuposto de que é necessária uma saída. Nós não acreditamos nisso. Se nos perguntarem quais são as nossas mais doces lembranças de infância (tanto metaforicamente quanto reais), a casa das nossas avós está em grande parte delas. Porque não tem lugar que criança goste mais do que casa da "vó".

Por quê? Geralmente é a janela de um mundo mágico, cheio de coisas de que desconhecemos, mas com as quais sabemos que temos alguma conexão: o retrato na parede, o álbum de fotografias, a máquina de costura, os móveis antigos, lugar onde seus pais também foram crianças. Além disso, estão lá as funções maternais mais caras, como a disponibilidade, a companhia, o amor incondicional, a segurança. Também alimenta o nosso imaginário infantil, supre em tempo real nossos desejos mais imediatos. E tudo isso, e o melhor de tudo, sem cobranças!

Agora volte ao início do parágrafo anterior e pense na televisão. Notou a semelhança?

E tem uma última característica, essa geralmente despercebida: nós, pais, também temos forte ligação com aquela casa (e aquele aparelho de TV), embora passemos uma boa parte negando isso. O problema? As crianças sabem também dessa conexão e ficam confusas. Afinal, como uma coisa pode ser boa para nós e má para eles, ao mesmo tempo? Por que ir à casa da vó pode prejudicar a minha educação se foi lá que os meus pais se educaram? Porque assistir à televisão é ruim se os meus pais assistem tanto? E por que se assistem tanto, não é porque gostam? Se gostam, por que eu não posso gostar?

Bem, a confusão está armada. Mas, uma vez mais, temos a impressão que o problema é muito mais nosso do que deles. Descobrimos esse dilema quando pedimos que Rafaela, uma garotinha de 10 anos, fizesse uma redação intitulada "A minha Televisão". Não conseguiríamos resumir a questão com tanta espontaneidade e autenticidade:

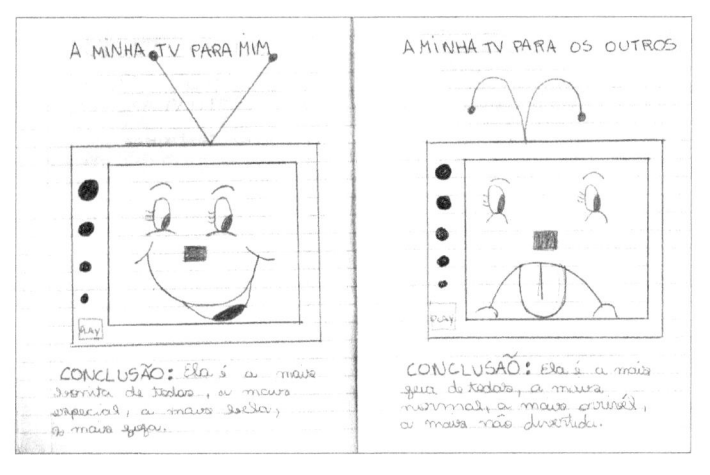

Figura 1: Redação
Fonte: 2005. Foto colorida. PAULA SOUZA, Dânia. In: Magalhães, Cláudio. 2005: 117.

Enquanto tivermos essas duas televisões dentro do mesmo aparelho, é certo que continuaremos a ter problemas com as crianças e sua relação com a TV.

Criança gosta de programas para crianças

Que fique claro que esse artigo não tem a função de defender a programação da televisão brasileira, e pretendo deixar isso mais claro adiante. A defesa aqui é na tentativa de entendermos um pouco sobre essas horas que as crianças passam à frente da TV e de que maneira, pais e educadores, podem agir. Os adultos se colocam em defesa das crianças, travando um verdadeiro combate com a televisão. Tentei argumentar até aqui no sentido de direcionar a resposta da seguinte questão: vai adiantar continuar combatendo isso? Aliás, *tem* adiantado combater isso?

Daí, gostaria de passar para o nosso segundo parâmetro que, de certa forma, trará um certo alívio. Pois bem, guardem essas palavras: criança gosta de programa de criança. Joguem fora aquelas suposições de que criança gosta de novela, filmes violentos, jornalismo-espetáculo, cenas eróticas e toda a série de programas que nós, adultos, adoramos, mas ficamos constrangidos em contar isso aos jovens. Relaxe, pois não faltam pesquisas apontando que criança gosta de programa de criança – é sempre bom repetir (Sampaio, 2000; Pacheco, 1998; Feilitzen, 2002; Remoto Controle, 2004; Magalhães, 2005). Para aqueles que gostam de contestar esse fato, é só perceber que as pesquisas que contrapõe a afirmação são muito mais voltadas para aquelas do IBOPE, com o foco no número de pessoas que assistem à televisão em um determinado horário, a velha conhecida pesquisa de audiência que nos coloca, enquanto números estatísticos, dígitos uniformes à frente da telinha.

Mas há uma lógica incontestável: as crianças assistem muito mais a televisão feita para adultos. Por um simples fato: não há programas infantis nas grades de programação brasileira. O problema, portanto, não é da demanda, mas da oferta. Com um mínimo de programa de televisão para criança, e gostando de assistir televisão, os jovens assistem aquilo que está à mão. Ou melhor dizendo, aos olhos.

Em dois exemplos rápidos: no dia 27 de abril de 2008, um domingo, apenas 13 horas e 45 minutos de um total de 264 (somando as 24 horas disponíveis das 11 emissoras abertas em São Paulo) eram dedicadas a programas voltados para crianças e jovens: ou seja, apenas 5,5% da programação de um dia eminentemente voltado para o entretenimento é dedicado às crianças.[2] Durante a semana, o desempenho melhora um pouco, mas em grande parte por conta das emissoras educativas (que, inexplicavelmente, tiram o time de campo nos domingos).

Na terra natal e residência desse escriba, Belo Horizonte/MG, 26 horas e 45 minutos (30% da emissora educativa mineira) são programas voltados para o público infanto-juvenil, de 192 horas oferecidas pelas emissoras abertas, no total de 14%. Dessas, sendo mais de 70% na parte da manhã.[3] Coitadas daquelas crianças que estudam nesse horário, vão assistir, no máximo, uma *Malhação* ou uma *Sessão da Tarde*, isso se o filme não for um daqueles de temática adulta reciclado para preencher a grade de programação!

A busca pelos seus programas é tão gritante que, quando podem (os pais, financeiramente dizendo), as crianças voam para televisão paga. Historicamente, desde que o segmento entrou no país, as crianças são um dos maiores públicos. Há, atualmente, um rol significativo de canais infantis nas grades de programações: Cartoon Network, Boomerang, Disney Channel, Nickelodeon, Discovery Kids, Jetix, Fox Kids e as brasileiras TV Ra-Tim-Bum e, em grande parte, Futura.

A diversidade de canais não é generosidade ou atenção despretensiosa com as crianças e os jovens. Em 2006, as crianças de 4 a 11 anos representavam 12% de todos os telespectadores, e os jovens de 12 a 17 mais 8%. De cada cinco pessoas que estão assistindo TV paga, uma é menor de idade. As crianças de 4 a

---

[2] FOLHA DE S. PAULO. Programação. São Paulo, 27 abr. 2008. Ilustrada. P. E6
[3] O TEMPO. Televisão – Programação. Belo Horizonte, 29 abr. 2008. Magazine, p. 6M.

11 são também quem mais permanecem com a televisão ligada, com uma média de 2 horas e 36 minutos, acima da média geral de 2h18min. Já os jovens de 12 a 17, com uma permanência média de 2h05min, se estão abaixo da média geral, no entanto foram quem, de todos os públicos, tiveram o maior percentual de crescimento, 34% (Mídia Fatos, 2007, p. 17-18).

O Cartoon Network só perde em audiência para o TNT (que é líder por exibir filmes consagrados dublados e ter presença garantida em praticamente todos os pacotes básicos das operadoras). Mas os demais canais infantis, em especial o Discovery Kids e Nickelodeon, batem fácil canais de notícias (com a exceção da Globo News), variedades e a segunda linha de filmes e séries (Mídia & Mercado, 2007, p. 34).

Baseado nessa boa notícia – que as crianças só assistem a programas de adultos quando não tem melhor opção – continuemos em frente. Se me perguntarem qual o melhor canal infantil, não saberei dizer. Acho-os todos bons, talvez porque parta da premissa que, se está preocupado com o ponto de vista da criança e suas características próprias, já está em excelente caminho. Mesmo aqueles notadamente comerciais, ainda assim estão há léguas de distância do mais bem intencionado canal tradicional. Pois os seus desenhos animados e seriados, antes mesmo de – e até mesmo para – se tornarem produtos de desejo de consumo, tem que atender nas necessidades básicas da criança: seu desejo pela fantasia, sua necessidade em identificar-se, sua disposição para o lúdico e o inusitado, sua apropriação do mundo pela graça e pela farsa.

Outra boa notícia é que vários dos desenhos e programas são realmente divertidos e mantêm uma estrutura semelhante aos desenhos e programas que nós mesmos assistíamos. Isso porque a fórmula permanece a mesma. Ser criança, em sua essência, ainda é o mesmo de décadas atrás. Queríamos nós, e querem as crianças agora, o *nonsense*, a fantasia e o mágico, batalhas épicas e místicas, o bem vencendo o mal.

Acrescenta-se o desejo das crianças de se verem representados na telinha também. Daí tantos personagens como as crianças se sentem nesse nosso mundo: incompreendidos, atrapalhados e desajustados (*Scooby Doo, Chaves, Du, Dudu e Edu*[4]). Mas também são a encarnação da coragem e do colegismo (*Sítio do Pica Pau Amarelo, Turma do Bairro- KND*), da engenhosidade (*Johnny Quest, Jimmy Neutron, O Laboratório de Dexter*), e muitas vezes sendo seus próprios super-heróis (*Capitão Marvel, Meninas Super Poderosas, Ben 10*).

As produções também expressam como percebem o mundo. Os pais e adultos em geral são, majoritariamente, retratados como uns bobalhões ou, como eles dizem, "sem noção" (*Os Flinstones, Bob Pai, Bob Filho, Os Padrinhos Mágicos, Os Simpsons*), isso quando aparecem, pois de alguns só se vê as pernas (*Tom & Jerry, A Vaca e o Frango*). O irmão ou a irmã é um estorvo (*Perdidos no Espaço, Laboratório de Dexter*), o amigo do peito tem vários defeitos constrangedores, mas é divertido e leal (*Scooby Doo, Jimmy Neutron*. E o vilão é um sujeito que representa um mau fruto de uma moralidade que ainda não se entende, que ainda não se vivenciou. Daí, a maldade é apenas um acidente de comportamento e, portanto, nada mais lógico do que o vilão ser o mais atrapalhado dos personagens (*Zorro, Corrida Maluca, Pernalonga*).

Se é que existe uma "maldade", pois a lógica entre o bem e o mal é igualmente construída socialmente – e, para a criança (as reais e as que vivem dentro de nós) isso é ainda algo confuso, "sem noção". Portanto, nada mais sem graça do que estabelecer a maldade como uma premissa em um programa que procura unicamente divertir. Daí o sucesso permanente para todas as gerações de desenhos como *Tom & Jerry* e *Pica-Pau*, onde os papéis de vilão e mocinho se confundem justamente para proporcionar a ambivalência do mundo, amor e ódio, vingança e remissão, faces da mesma moeda, o inusitado como graça, a tensão e a extrapolação dos limites, a hipocrisia do politicamente correto. Características de um mundo infantil.

---

[4] A ideia é citar programas de gerações anteriores com atuais produções, mostrando as suas proximidades.

Todas essas características, em maior ou menor medida, estão presentes em boa parte dos desenhos e seriados. Portanto, já é um universo de que, em algum lugar no passado, lá estivemos. Mas, o que muda? Nada que, também, não saibamos. Todas as questões pertinentes vão entrando na temática dos novos programas infantis (o que confirma os meios de comunicação muito mais reagentes do que agentes). Estão lá a questão do meio ambiente (*Os Thornberrys*), *bulling* (*Sorriso Metálico, Ei, Arnold*), a política (*Os Simpsons, As Meninas Superpoderosas*), preocupação com a comunidade carente (*Wheel Squad*), tolerância com a diferença (*A Vaca e o Frango, Mansão Foster*), novos modelos de estrutura familiar (*Mimi*), o ridículo do politicamente correto (*The Simpsons, South Park*) e a agora nem sempre clara diferença entre ser bom e ser mal (*todos* os desenhos japoneses). Nas histórias em quadrinhos, precursoras dos desenhos animados, o super-herói x-man Colossus é, declaradamente, gay e namora outro super-herói, o Estrela Polar.[5]

Portanto, não é por falta de assunto que você não poderá conversar com as crianças sobre seus programas. Talvez não esteja no pacote com que estamos acostumados, mas boa parte das temáticas que colocamos nos nossos *happy-hours* está nos programas preferidos dos seus filhos. Só que tratadas de maneira muito mais divertida.

Na sala de aula ou de TV

Falamos das relações distanciadas entre pais e educadores quando se trata dos seus programas de TV preferidos. Espero que, até agora, tenha conseguido incentiva-lo(a) a procurar a criança mais próxima para conversar sobre eles, entender e, aí sim, e se somente necessário, intervir. Mas, de preferência, tente 'curtir' suas histórias e universos, como uma boa avó (ou uma imóvel televisão) faria.

---

[5] Mais exemplos: MAGALHÃES, 2003.

Mas, e a escola, aquela estrutura física onde, querendo ou não, as crianças têm que ir? Para debatermos sobre esta relação conflituosa (e histórica) entre a escola e a televisão levar-nos-ia a outro artigo. Além disso, tem gente que já fez isso com mais competência (BACCEGA, 2003, em especial, e boa parte dos demais nas referências). Mas, ousando um pitaco, parto do princípio que, na história social da mídia (e a escola é, sim, uma estrutura midiática, pois que de mediação), as estruturas não são tão distintas quando comparadas e analisadas ao longo do tempo. Portanto, deixemos nossos preconceitos de lado e veremos que a escola nem é tão diferente assim da televisão. Em um trabalho anterior, tentei encaixotar as semelhanças:

Estrutura	poucas pessoas transmitindo muitas informações (pensando informações como dados trabalhados) e para muitos de uma vez só.
Transmissão de Informação	formatos de transmissão tradicionais, com poucas modificações nas últimas décadas e imposto de cima para baixo.
Audiência	os alunos/assistentes em grande parte colocados em um papel passivo diante do professor/TV.
Análise Crítica	muitas críticas e poucas mudanças significativas, com resistência por parte dos professores e dos produtores de TV.
Mudanças	ocorrem independente da vontade de quem está na 'linha de frente', os professores e produtores, acontecendo muito mais pela vontade e pressão impostas por atores distintos, como políticas públicas ou pela própria exigência do público.
Objetivo	embora possamos sempre argumentar que TV e escola têm objetivos diferentes (uma "entretém", outra "educa"), na realidade ambas procuram a *formação* de seu público. Esse fato é ainda mais relevante para as crianças, já que a TV busca a formação de novos telespectadores (e consumidores) enquanto a escola procura formar 'bons' cidadãos.

Fonte: MAGALHÃES, 2005, p. 45.

TV e Escola: aproximações

Portanto, se somos tão parecidos, porque tanta briga? Certamente pelo espaço no coração das crianças. Bobagem. Primeiro, os objetivos – que é o que importa – são bem diferentes quanto da sua intenção final e é essa toda (e fundamental) diferença. Mas não é porque temos um irmão que saiu da linha que não devemos aproveitar seu código genético para uma doação de medula. Com tantas proximidades, não há dúvida que podemos entender a televisão a partir da escola, e tirar proveito desenvolvendo projetos próprios.

São inúmeros caso de experiências nesse sentido, muitos deles públicos. Ainda bem. Dezenas de ONGs fazem esse papel, quando não as próprias escolas desenvolvem projetos de educação com e para a mídia.

O ideal mesmo seria se fizéssemos como os canadenses. De acordo com Andersen, Duncan & Pungente (2002), o Canadá se preocupa com a questão há tempos, por dois principais motivos bem semelhantes aos que poderiam ser os nossos: a preocupação crítica em relação a penetração massiva da cultura norte-americana e por ter uma política de educação equitativa, tolerante e progressiva. Iniciaram timidamente sua política de educação para a mídia nos anos 1960, mas emplacaram mesmo no apagar das luzes do Séc. XX. Desde 1999, a educação para a mídia faz parte do currículo de artes e língua inglesa!

Os autores defendem, a partir de uma experiência do educador de mídia David Buckingham, um tipo de atitude que poderia, não só se adotada pelos professores como também – penso que, principalmente – pelos pais. "A ênfase na descoberta do que os alunos já sabem sobre mídia e de como lhe dão sentido deveria ser o ponto de partida de todos os professores de mídia" (ANDERSEN, DUNCAN, PUNGENTE, 2000, p. 166).

Apenas para não dizer que não contribuí com alguma sugestão, segue um cronograma de atividades que podem ser utilizados em sala ou em casa, em grupo ou em dupla (pai/mãe e filho/filha), ratificando tratar-se apenas de um remédio caseiro. Como dito, há bibliografia, entidades e projetos muito mais elaborados que, certamente, são mais avançados que o meu.

Objetivo	Atividade
Iniciar as atividades, conversando descompromissadamente sobre televisão	Bate-papo com a turma: Sugestão de pré-roteiro (acrescente mais questões): Gosta de TV? O que se gosta e não se gosta em TV? Quais os programas que gostam na TV? Existe diferença entre programas de adultos e crianças? Escrever/desenhar sobre TV e os programas que gostam. Fazer uma eleição dos programas mais legais.
Exercícios de análise crítica de programa de TV	Analisar um programa de adulto (novela, futebol, auditório) estabelecendo critérios em conjunto (tema? tipo de programa? nível de diversão? contexto? Personagens?) Analisar um programa infantil conforme os mesmos critérios.
Escolha dos programas a serem pesquisados	Votação para os programas a serem pesquisados. Escolher pelo menos dois, de preferência um em uma emissora comercial e outra em uma educativa. Instruções para o 1° estudo em casa: assistir alguns episódios dos programas votados e anotar em um "Caderninho de TV" o nome do programa, o horário que assistiu, um resumo da história e o que achou, se gostou ou não e por que. Podem acrescentar tantos critérios que quiserem.
Análise do primeiro estudo em casa, mais livre.	Bate-Papo sobre a pesquisa em casa Se for possível gravar, exibir alguns episódios analisados Análise coletiva dos programas **sem** perguntas dirigidas: podem fazer cartazes como resultado. Instruções para o 2° estudo em casa: repetir a tarefa anterior (é importante para avaliar a evolução das crianças na sua análise crítica – pode-se repetir quantas vezes for desejável)

Objetivo	Atividade
Análise do segundo estudo em casa estabelecendo critérios	Bate-Papo sobre a pesquisa em casa Depoimentos isolados sobre as diferenças entre o primeiro e o segundo estudo Análise coletiva dos programas **com** perguntas dirigidas.
Debate sobre TV	Debate dirigido sobre a televisão. Sugestão de pré-roteiro: O que gostam e o que não gostam de assistir A diferença entre o real e o que não é real Quem 'manda' na TV em casa Quais os limites que os pais colocam em casa para a TV O que é violência e como ela aparece na TV *Com quem assiste a TV*
Redação	Escrever uma redação com o título: "A minha Televisão". Socializar com a leitura individual das redações

Isso sem levar em consideração que nem estamos falando em produção: colocar as crianças para produzir televisão, a partir de câmeras e computadores, cada vez mais baratos e práticos A lógica é a mesma da redação, jogral, do teatrinho. E verificar que, munidos dos instrumentos, as crianças então se tornam totalmente senhoras do meio.

Mas se o currículo estiver cheio, ou os pais estão sem tempo ou disposição, um outro exercício pode ser igualmente eficaz: conversar com os Tiagos e os Pedros, e pedir para que eles contem para nós. Acredite, é divertido ficar do lado de cá, escutando histórias cheias de *nonsense*, aventuras fantásticas, linhagens de personagens descolados. São histórias de um mundo no qual já pertencemos, mas, como disse Rousseau, nos esquecemos quando ficamos adultos. É uma boa oportunidade para fazer uma visitinha, em muito boa companhia.

Referências

ANDERSEN, Neil; DUNCAN, Barry; PUNGENTE, John J. Educação para a mídia no Canadá. In: CARLSSON, Ulla; FEILITZEN, Cecília von. *A Criança e a mídia: imagem, educação, participação*. São Paulo: Cortez; Brasília, DF: UNESCO, 2002. p. 159-186.

BACCEGA, Maria Aparecida. *Televisão e escola: uma mediação possível?* Coord. Benjamin Abdala Junior, Isabel M. Alexandre. São Paulo: Editora Senac São Paulo, 2003. (Série Ponto Futuro; 14)

FEILITZEN, Cecília von; BUCHT, Catharina. *Perspectivas sobre a criança e a mídia*. Trad. Patrícia de Queiroz Carvalho. Brasília: UNESCO, SEDH/Ministério da Justiça, 2002.

FERRÉS, Joan. *Televisão e Educação*. Trad. Beatriz Affonso Neves. Porto Alegre: Artes Médicas, 1996.

GROEBEL, Jo. Acesso à mídia e uso da mídia entre as crianças de 12 anos no mundo. In: CARLSSON, Ulla; FEILITZEN, Cecilia von. *A Criança e a mídia: imagem, educação, participação*. São Paulo: Cortez; Brasília, DF: UNESCO, 2002. p. 69-76.

MAGALHÃES, Cláudio. Criança e televisão: uma relação superpoderosa. In: JACOBY, Sissa (Org.). *A criança e a produção cultural: do brinquedo à literatura*. Porto Alegre: Mercado Aberto, 2003. p. 113-135.

MAGALHÃES, Cláudio Márcio. *Do Pocinho ao Cabeças: a televisão pelo olhar das crianças de Ouro Preto*. Tese (Doutorado) – Faculdade de Educação, Universidade Federal de Minas Gerais, Belo Horizonte, 2005.

MIDIA FATOS 2007. *TV por assinatura*. São Paulo: ABTA – Associação Brasileira de TV por assinatura, 2007.

MÍDIA & MERCADO. *TV por assinatura – Evolução da audiência*. São Paulo: M&M Editora, 24 set. 2007.

PACHECO, Elza D. (Org.). *Televisão, Criança, Imaginação e Educação*. Campinas, SP: Papirus, 1998.

REMOTO CONTROLE: Linguagem, conteúdo e participação nos programas de televisão para adolescentes/ [coordenação Veet Vivarta]. São Paulo: Cortez, 2004. (Série Mídia e Mobilização Social; 7).

SAMPAIO, Inês S. V. *Televisão, publicidade e infância*. São Paulo: Annablume; Fortaleza: Secretaria de Cultura e Desporto do Estado do Ceará, 2000.

WOLTON, Dominique.*Elogio do grande público: uma teoria crítica da televisão*. Trad. José Rubens Siqueira. São Paulo: Ática, 1996.

Os autores

CLÁUDIO MÁRCIO MAGALHÃES
  Doutor em Educação pela UFMG, professor do Centro Universitário UNA, coordenador da UNA – TV, presidente da ABTU – Associação Brasileira de Televisão Universitária.

MARIA CRISTINA SOARES DE GOUVÊA.
  Doutora em Educação pela UFMG, professora da UFMG, pesquisadora do Cnpq e do Grupo de Estudos e Pesquisas em História da Educação (GEPHE).

GRAZIELA MELLO VIANNA
  Doutora em Comunicação pela USP, professora do Centro Universitário Newton Paiva.

JULIANA MARCONDES PEDROSA DE SOUZA
  Mestre em Psicologia pela UFRJ, membro do grupo de pesquisa CLINP da UFRJ/CNPq.

Kely Cristina Nogueira Souto
   Doutora em Educação pela UFMG, professora da Rede Municipal de Ensino de Belo Horizonte, pesquisadora do Ceale/FaE/UFMG.

Marco Antônio de Souza
   Doutor em Educação pela UFMG, coordenador de Pesquisa e Professor do Centro Universitário Newton Paiva.

Nádia Laguárdia de Lima
   Doutora em Educação pela UFMG, professora do Centro Universitário Newton Paiva e da PUC- Minas

Rogério Correia da Silva
   Mestre em Educação pela UFMG, professor da Rede Municipal de Ensino de Belo Horizonte, coordenador da UNIPAC.

Ruth Ribeiro
   Mestre em Sociologia pela UFMG, professora Centro Universitário Newton Paiva.

Sandra Pereira Tosta
   Doutora em Antropologia Social pela USP, professora da PUC- Minas, coordenadora do Educ- Grupo de Pesquisa em Educação e Culturas.

Vera Lucia Silva Lopes Besset
   Doutora em Psicologia pela Universidade de Paris V, professora da UFRJ, pesquisadora do CNPq e Coordenadora do Grupo de Pesquisa Clínica Psicanalítica (CLINP) da UFRJ.

Qualquer livro do nosso catálogo não encontrado nas livrarias pode ser pedido por carta, fax, telefone ou pela Internet.

✉ Rua Aimorés, 981, 8º andar – Funcionários
Belo Horizonte-MG – CEP 30140-071

📱 Tel: (31) 3222 6819
Fax: (31) 3224 6087
Televendas (gratuito): 0800 2831322

@ vendas@autenticaeditora.com.br
www.autenticaeditora.com.br

Este livro foi composto com tipografia Baskerville
e impresso em papel off set 75 g. na Formato Artes Gráficas.